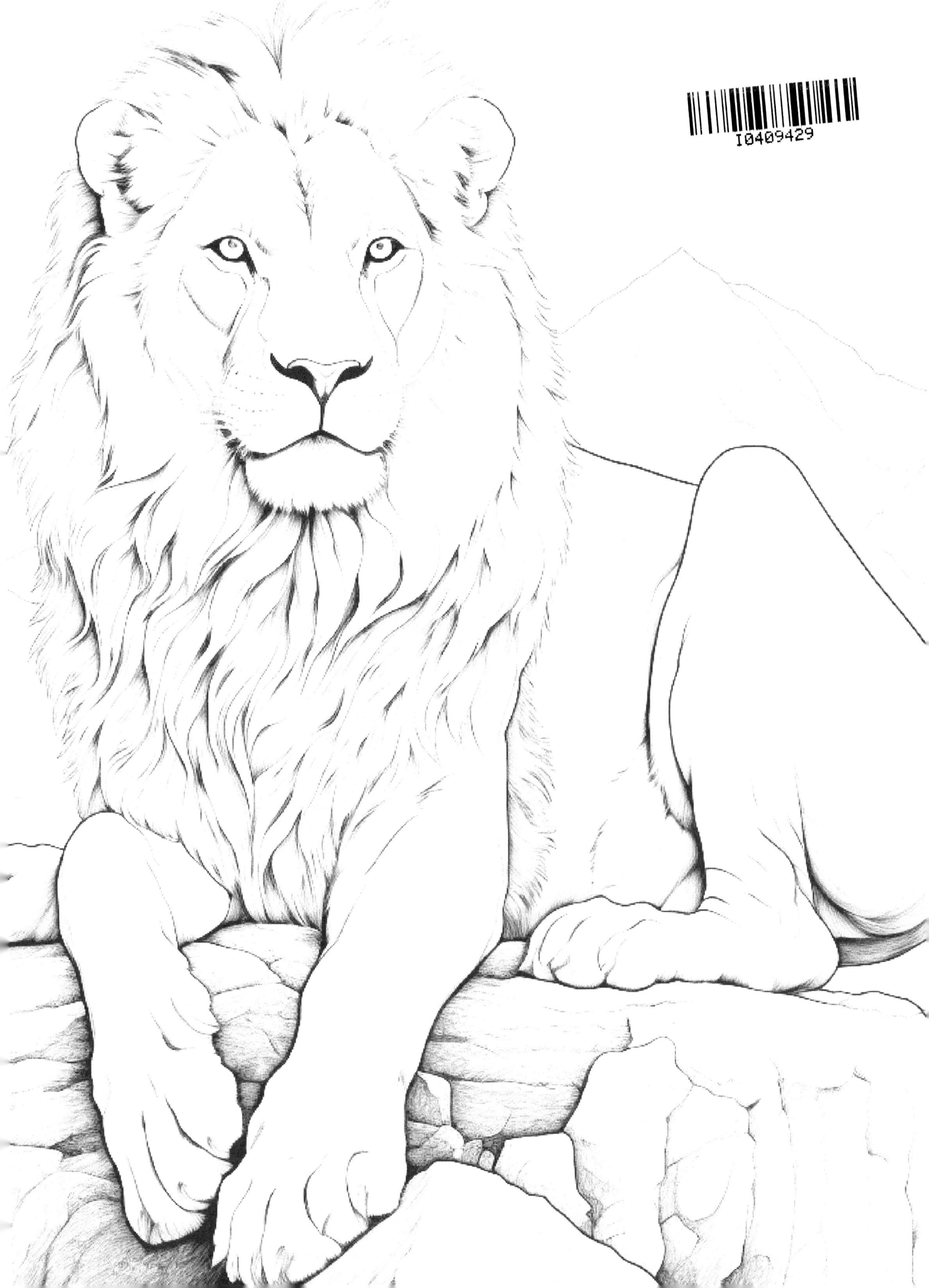

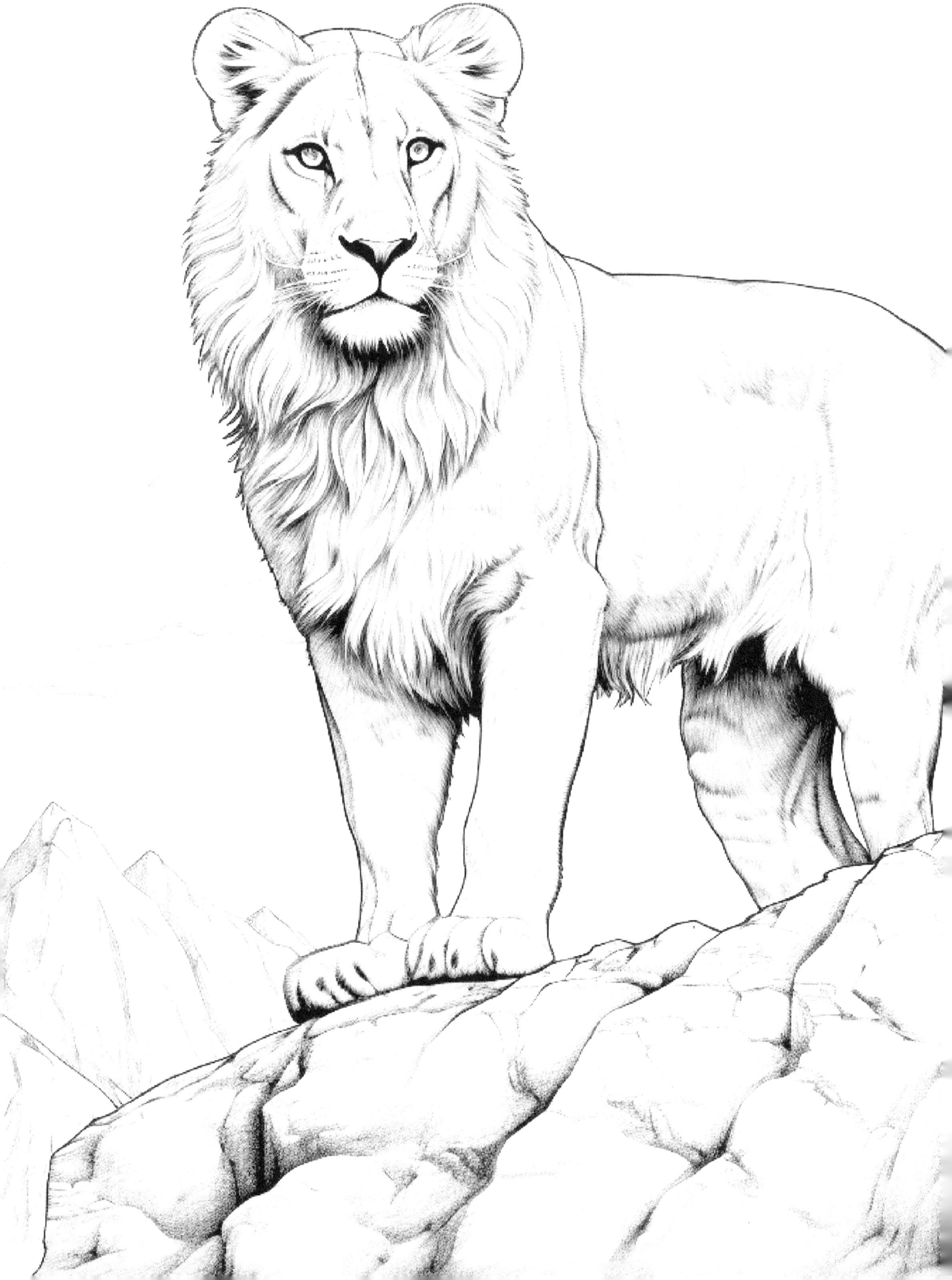

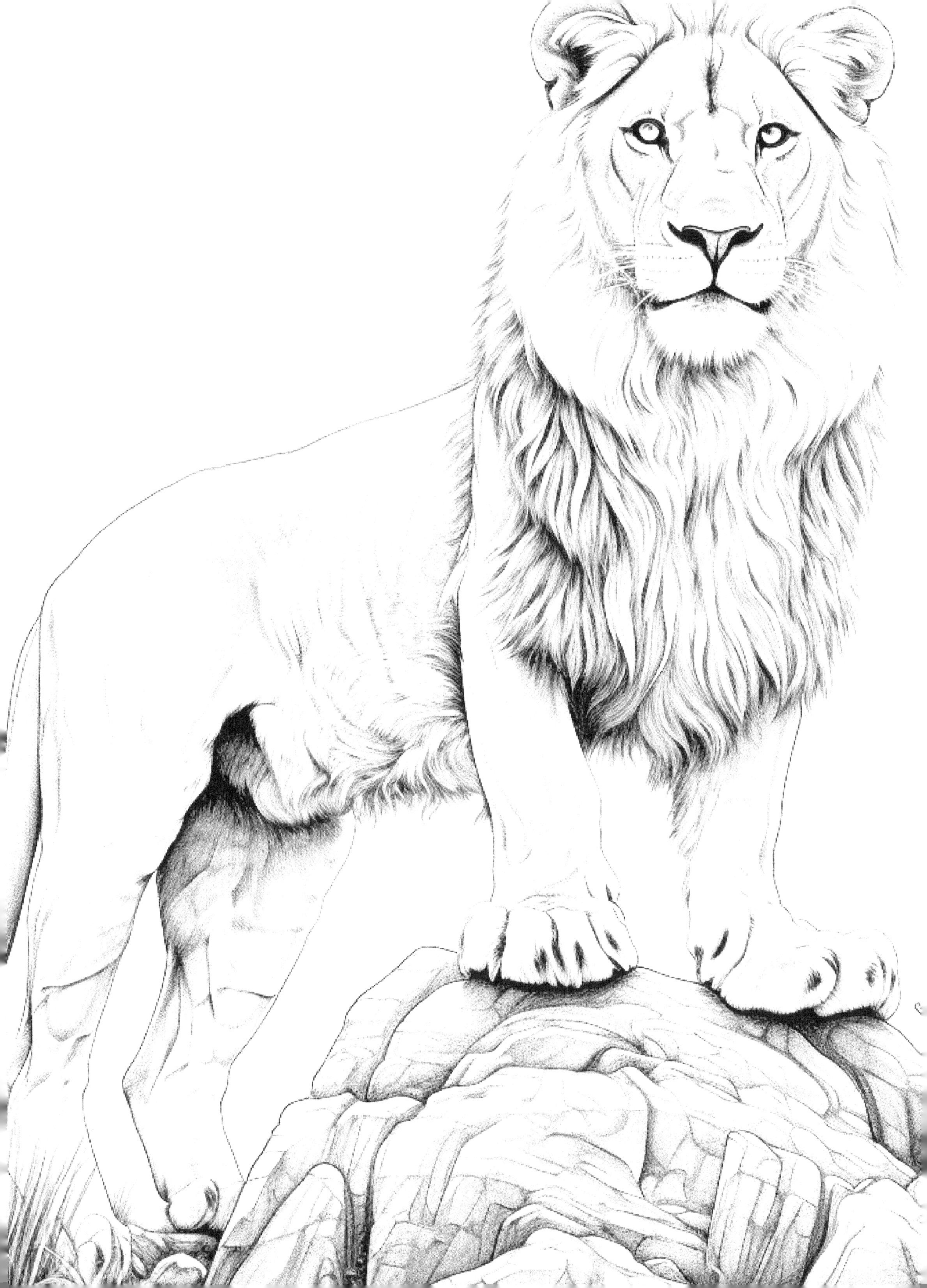

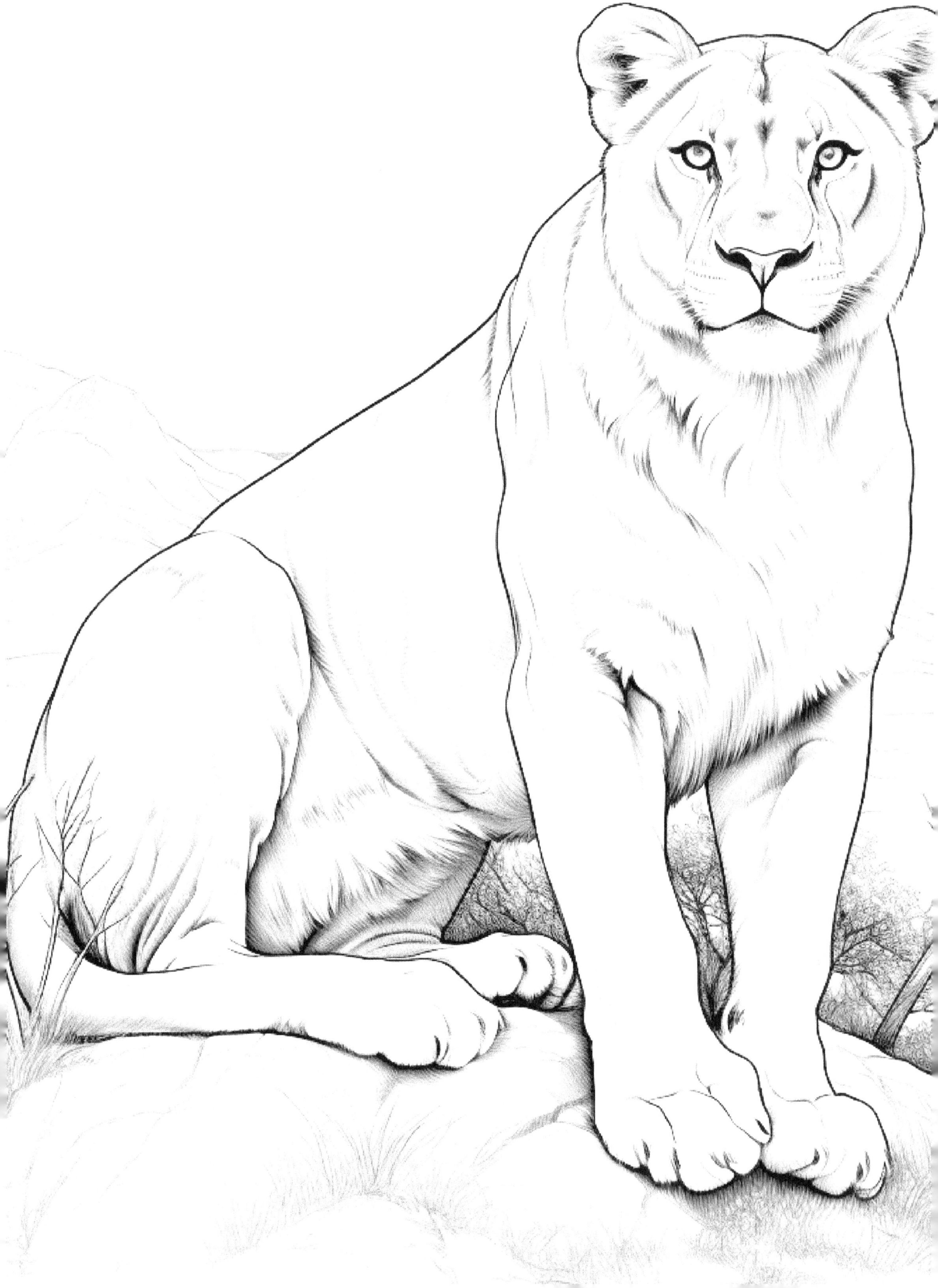

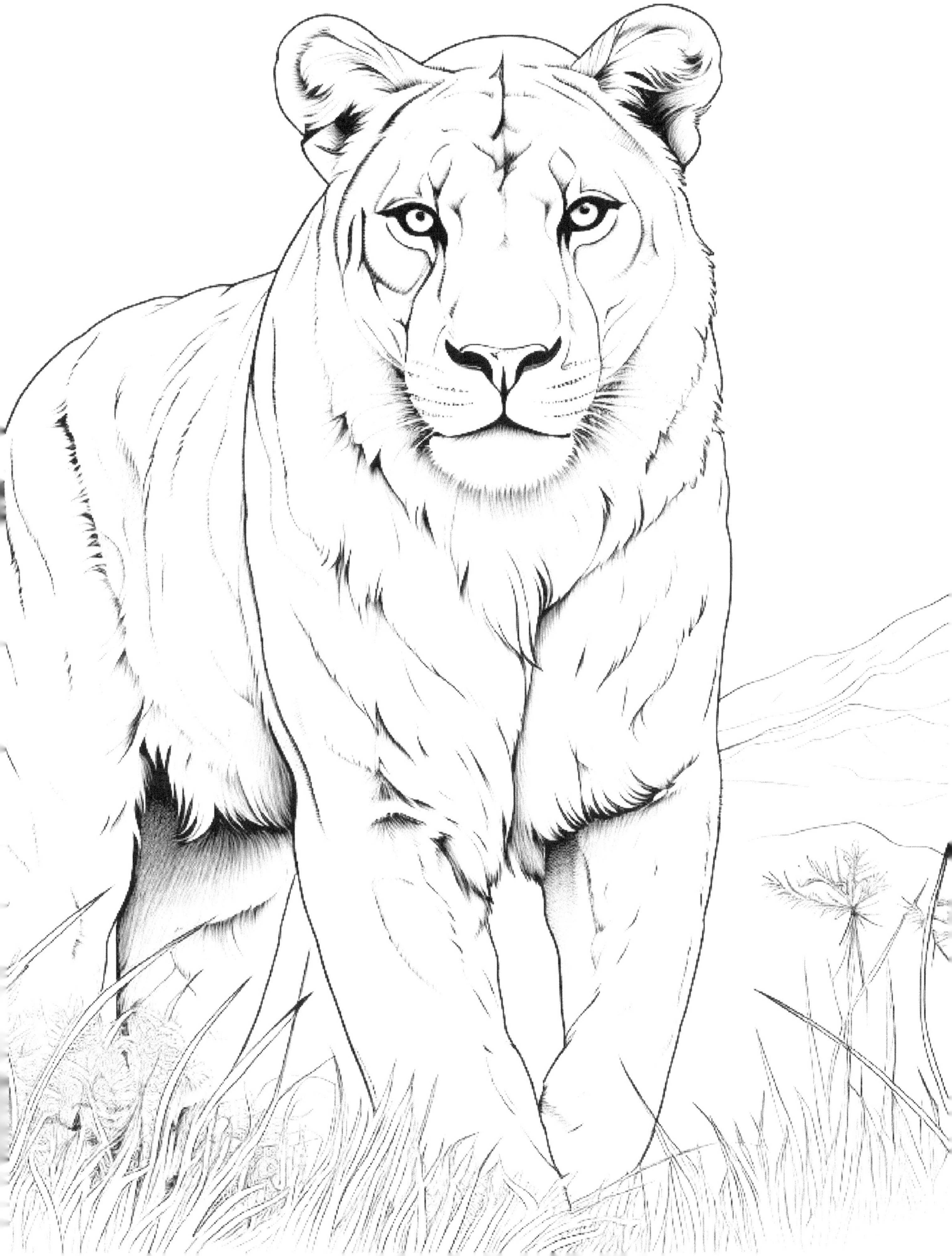

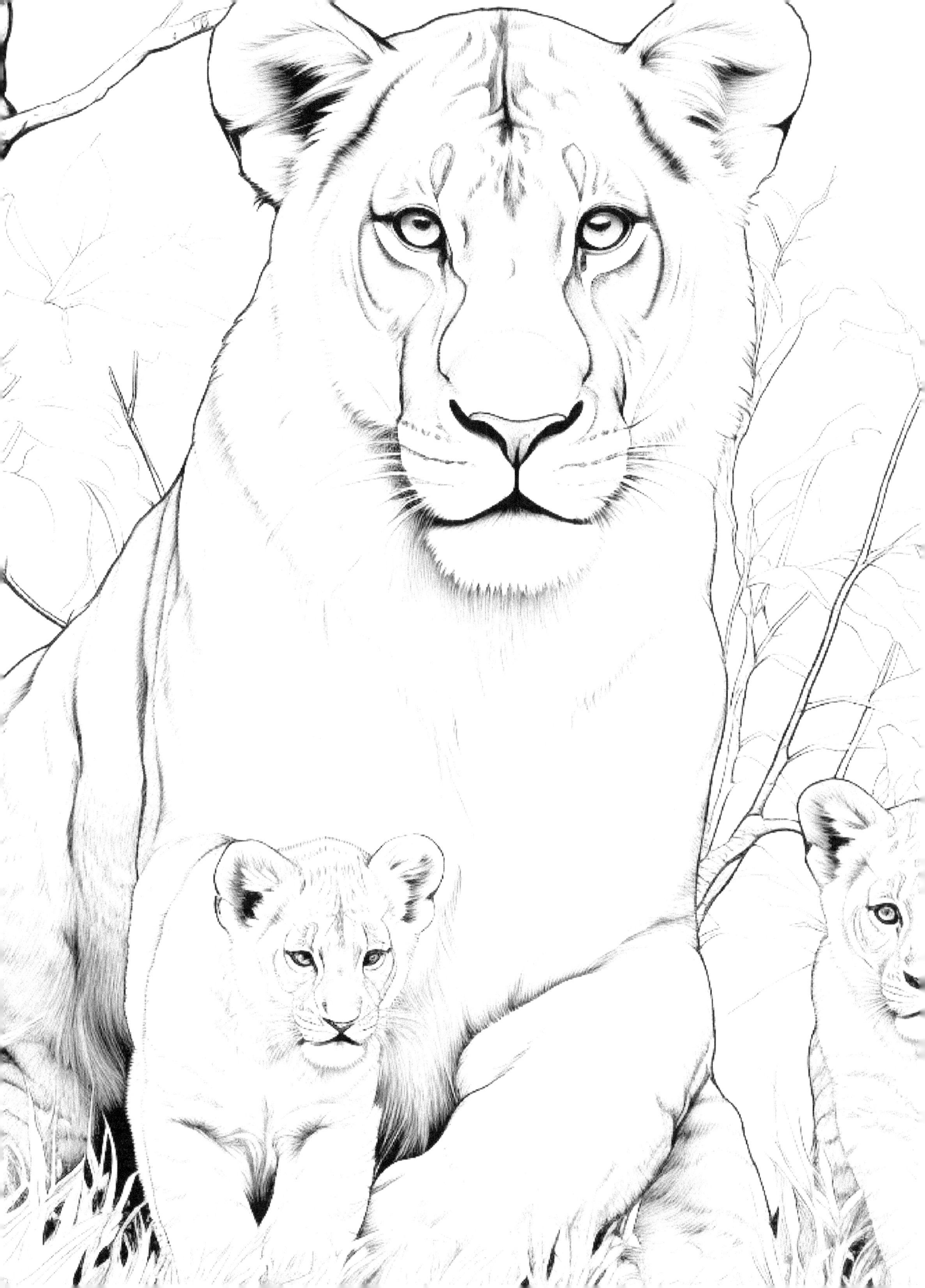

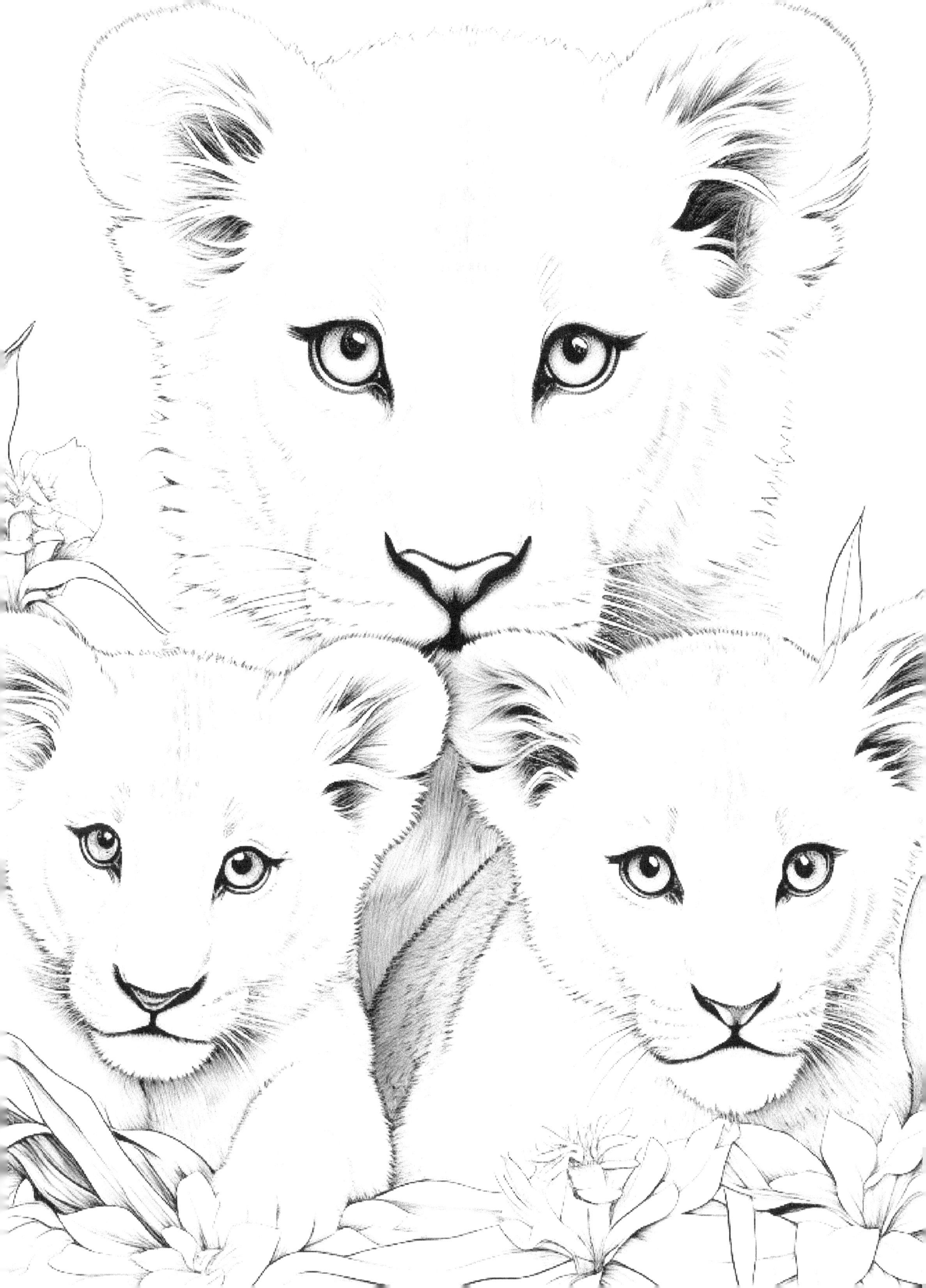

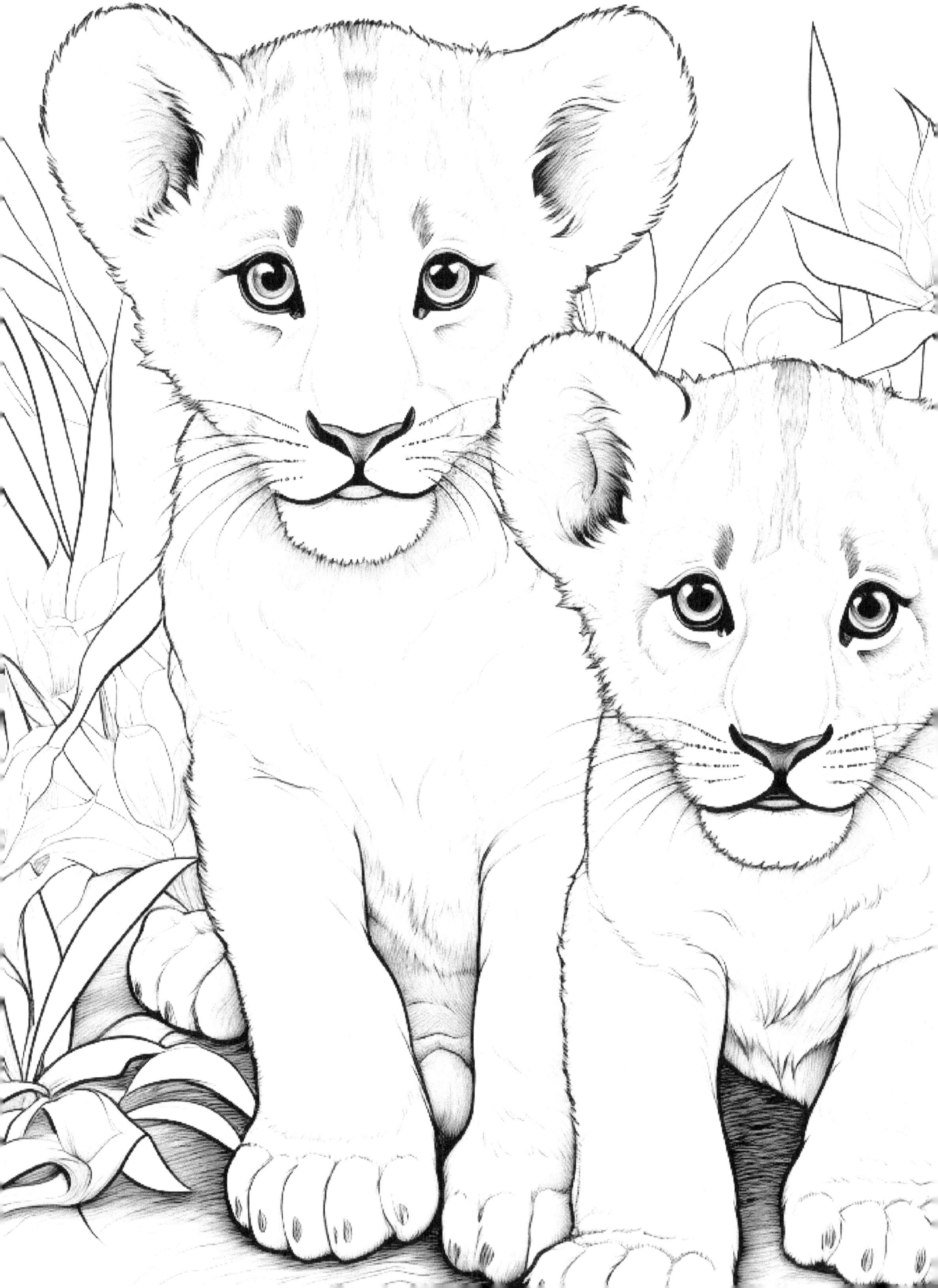

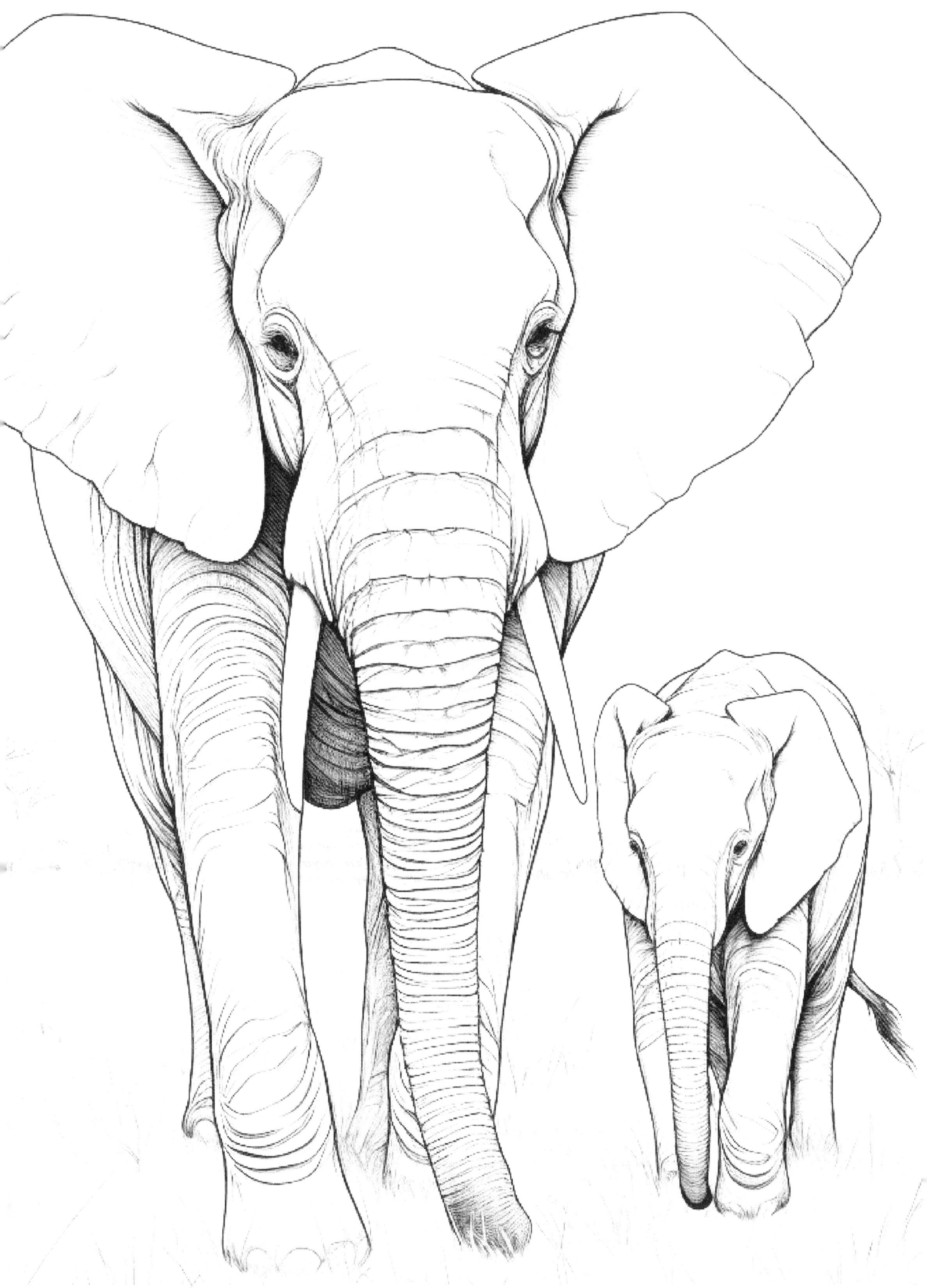

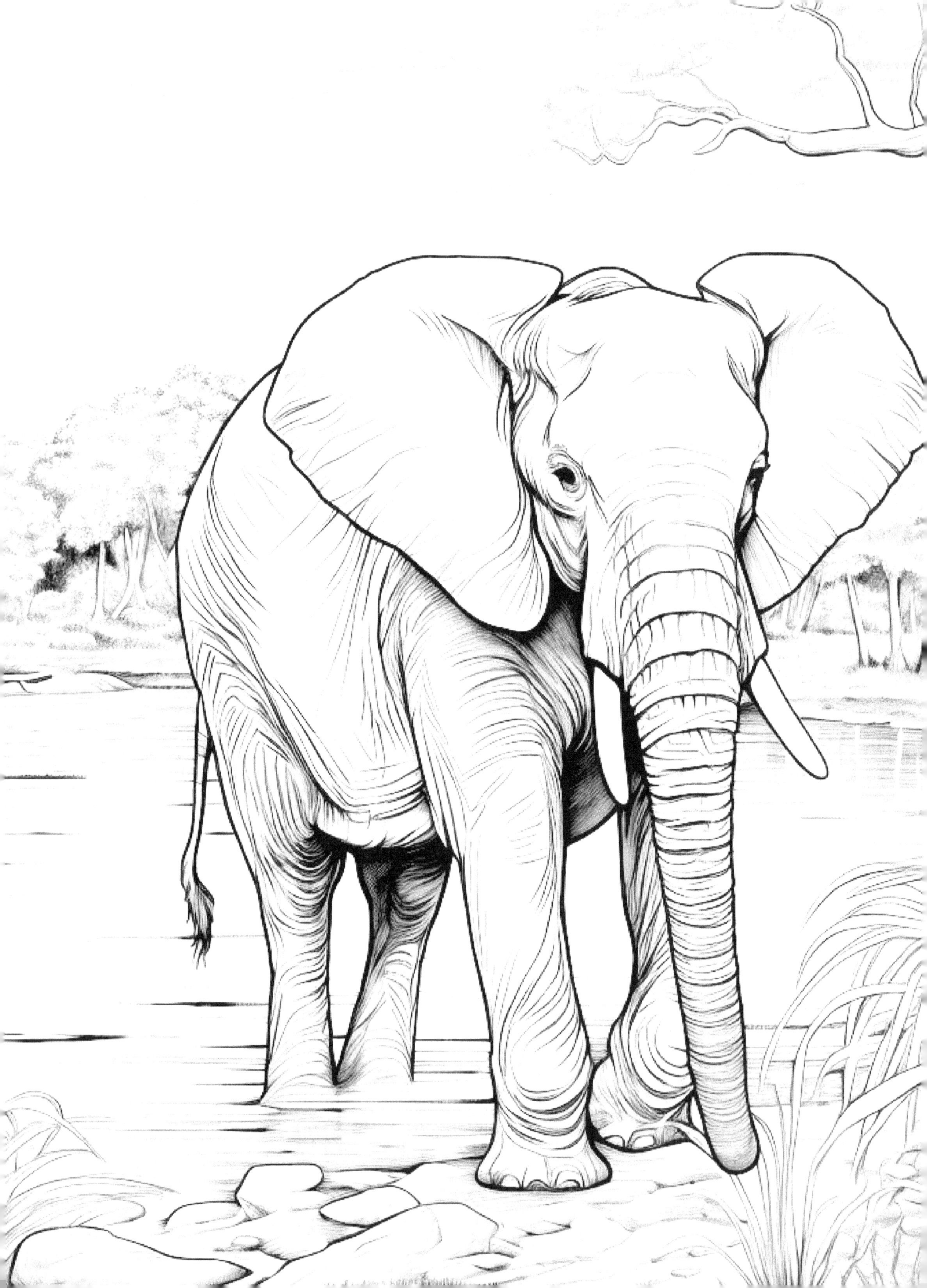

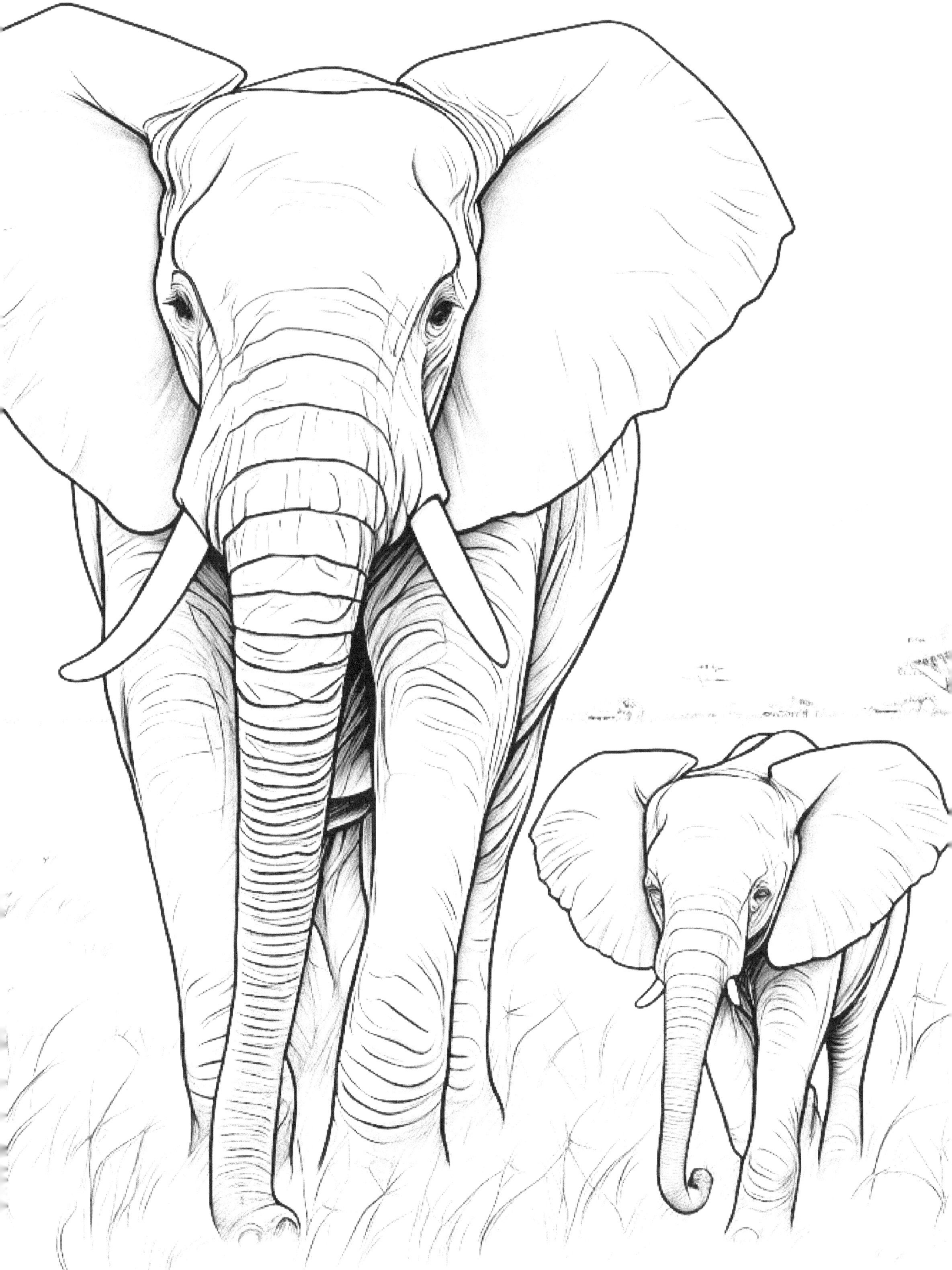

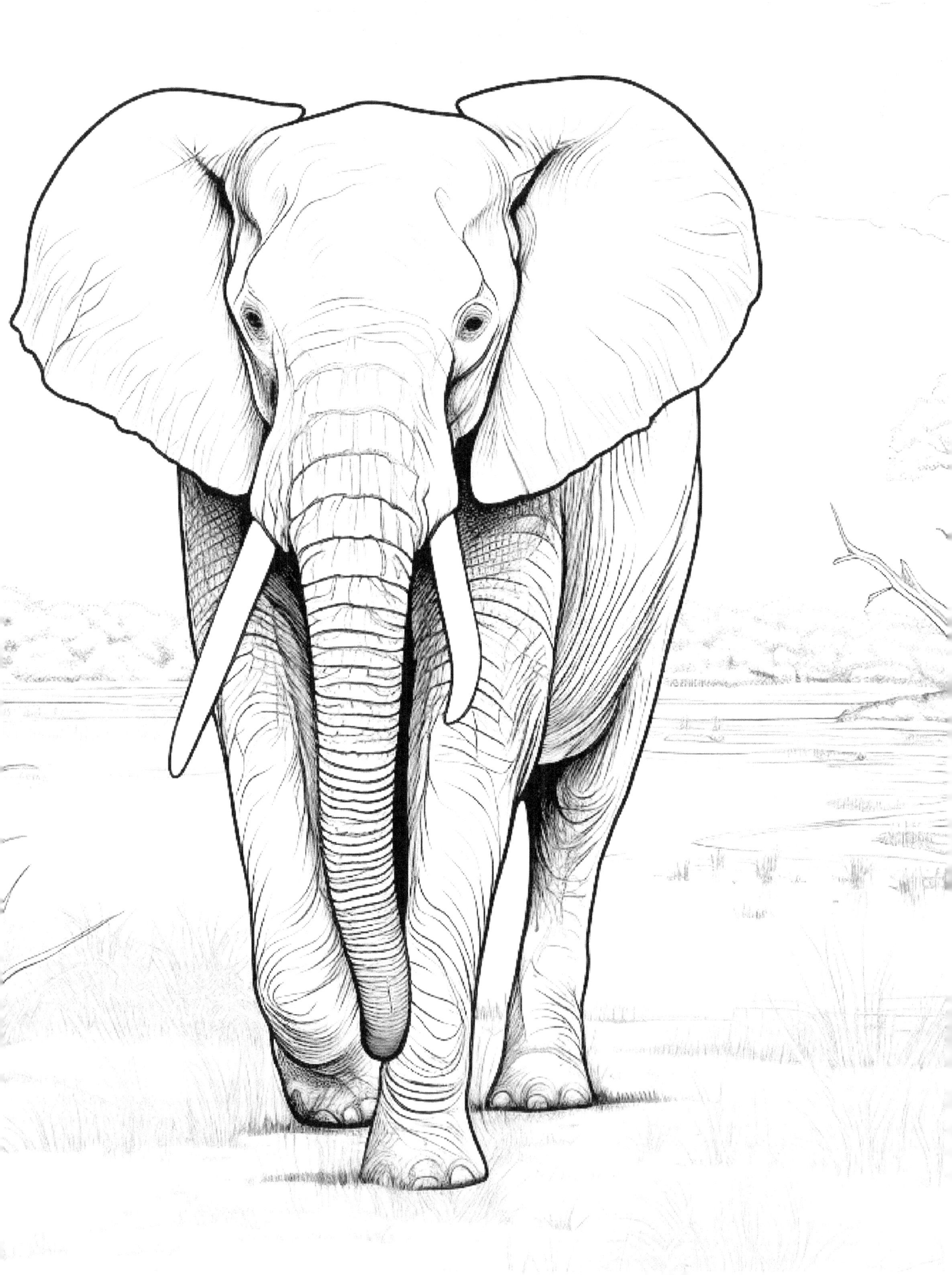

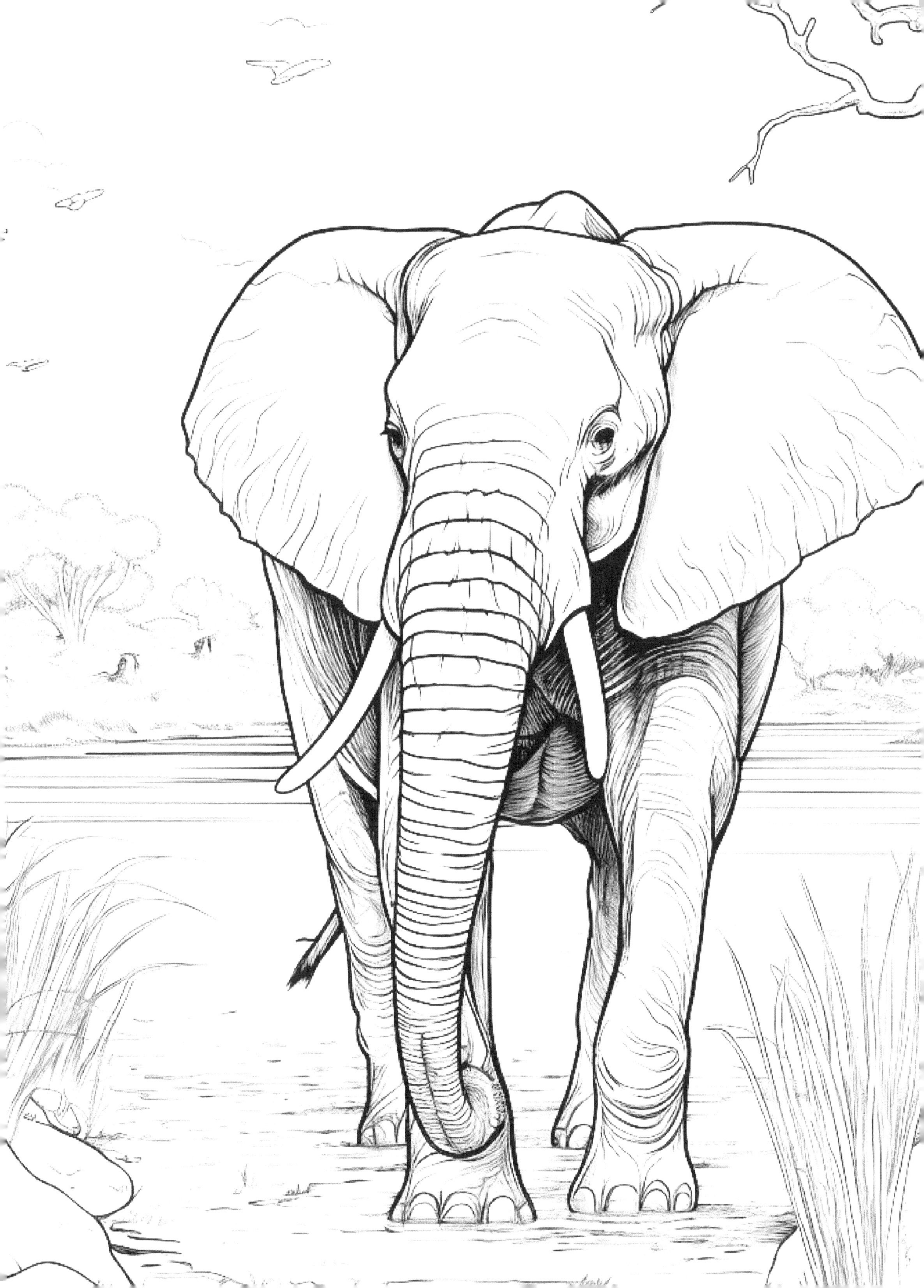

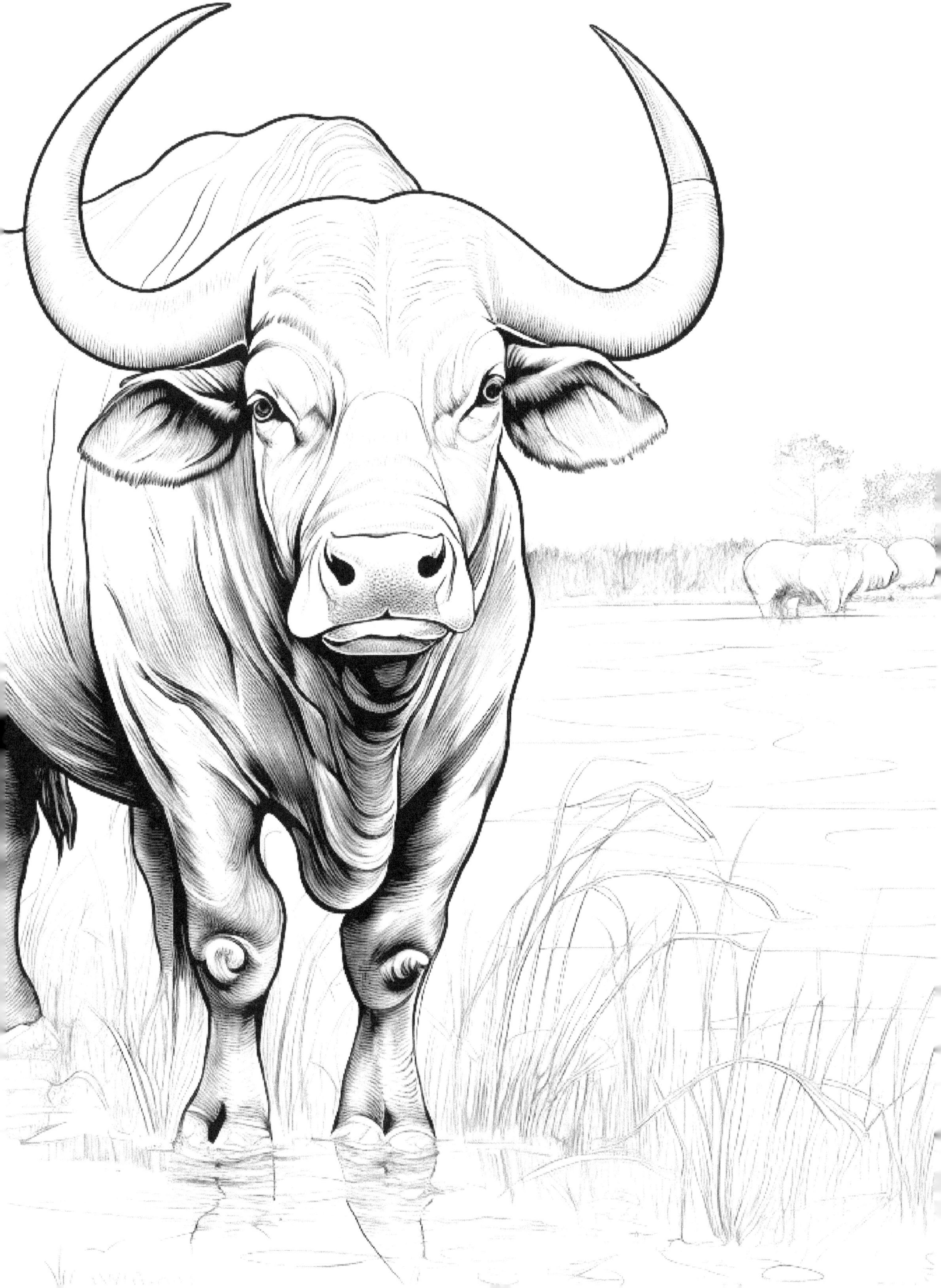

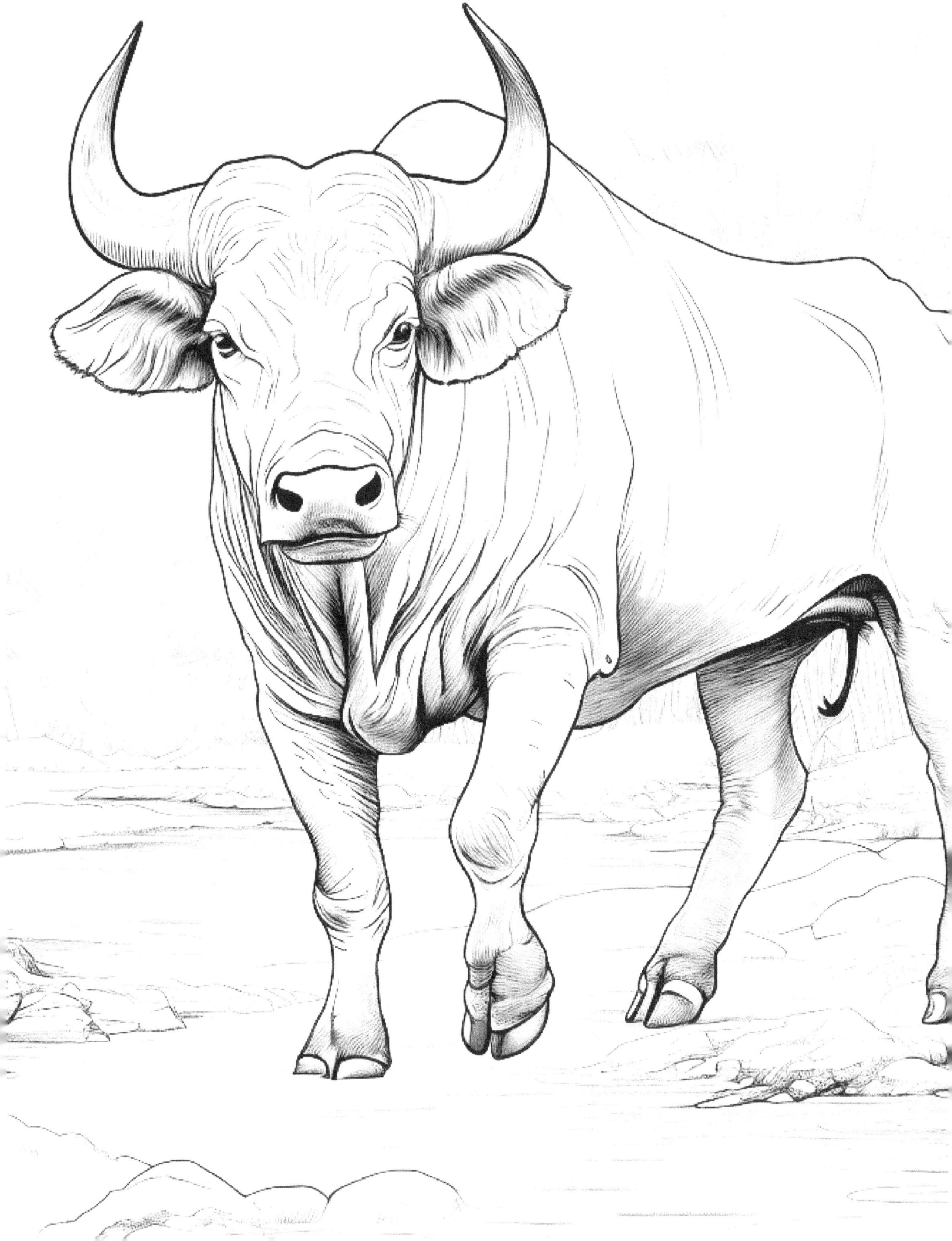

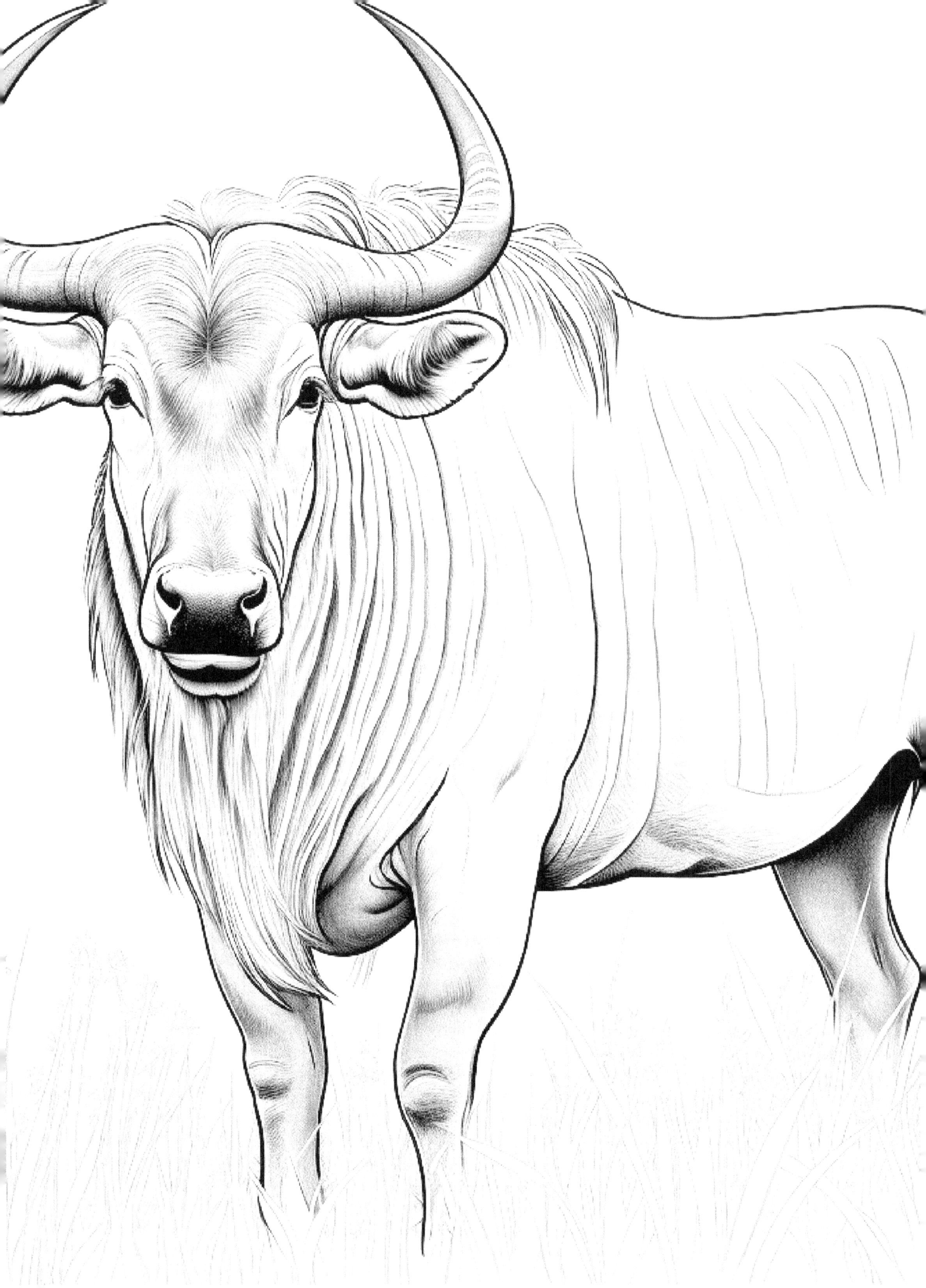

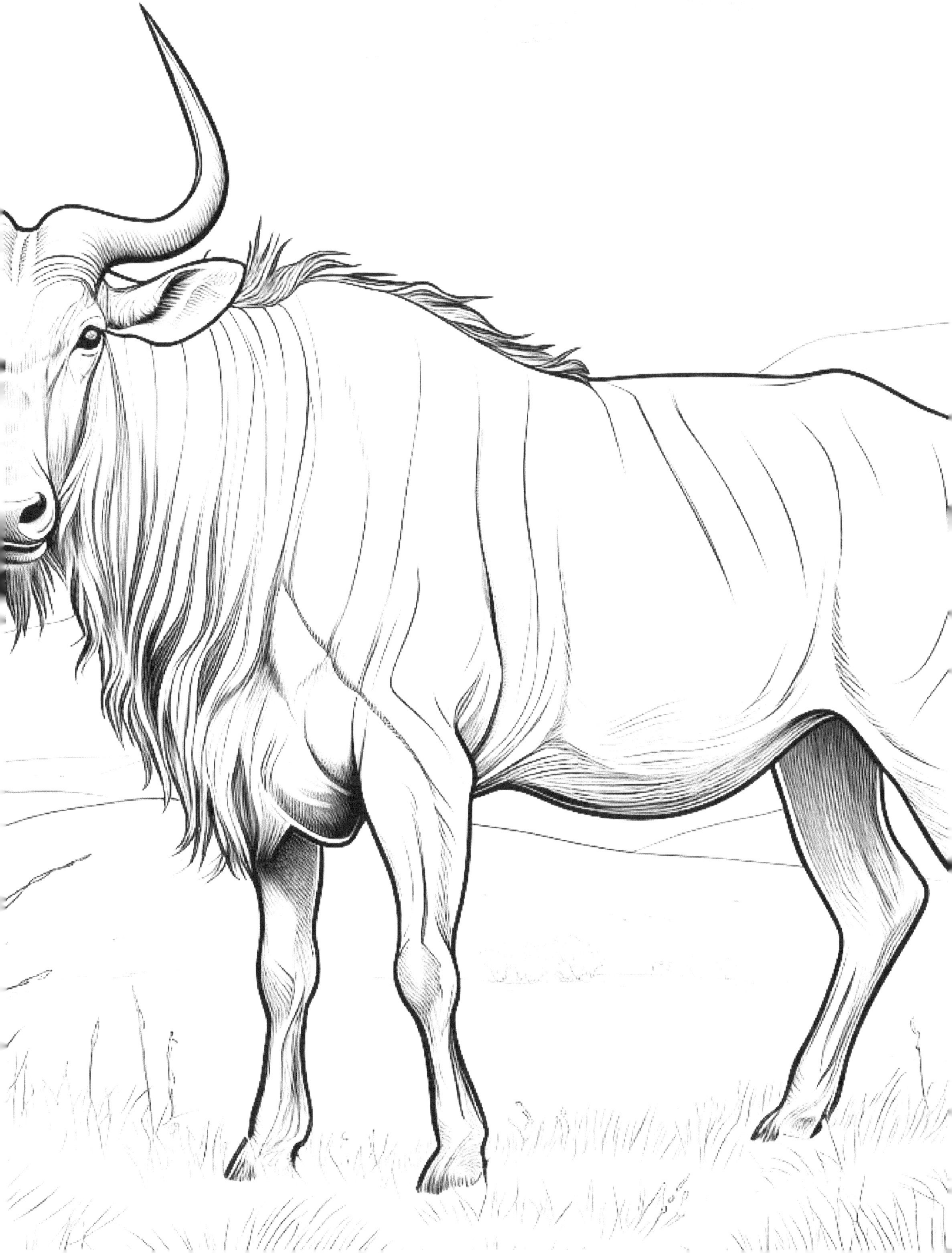

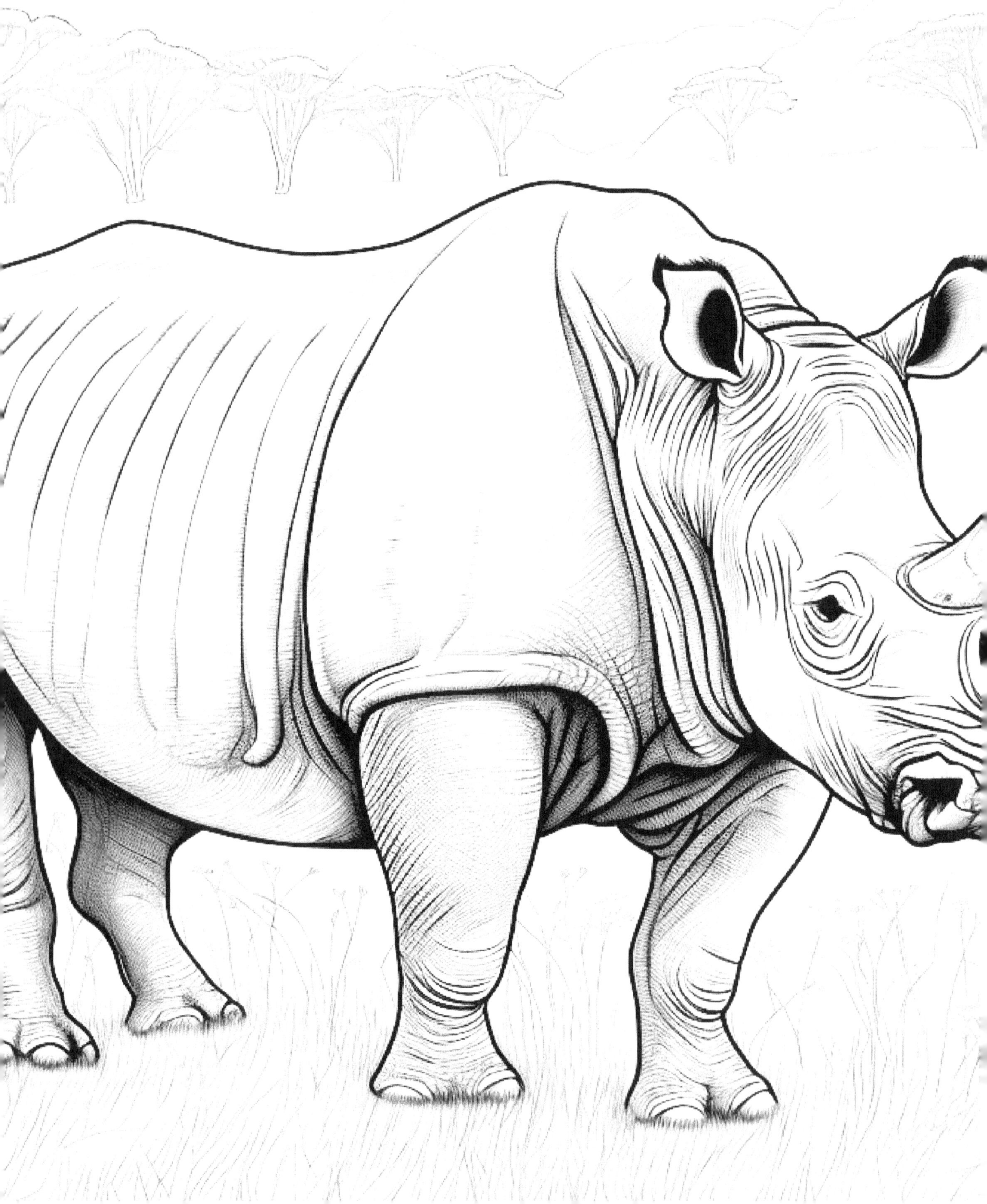

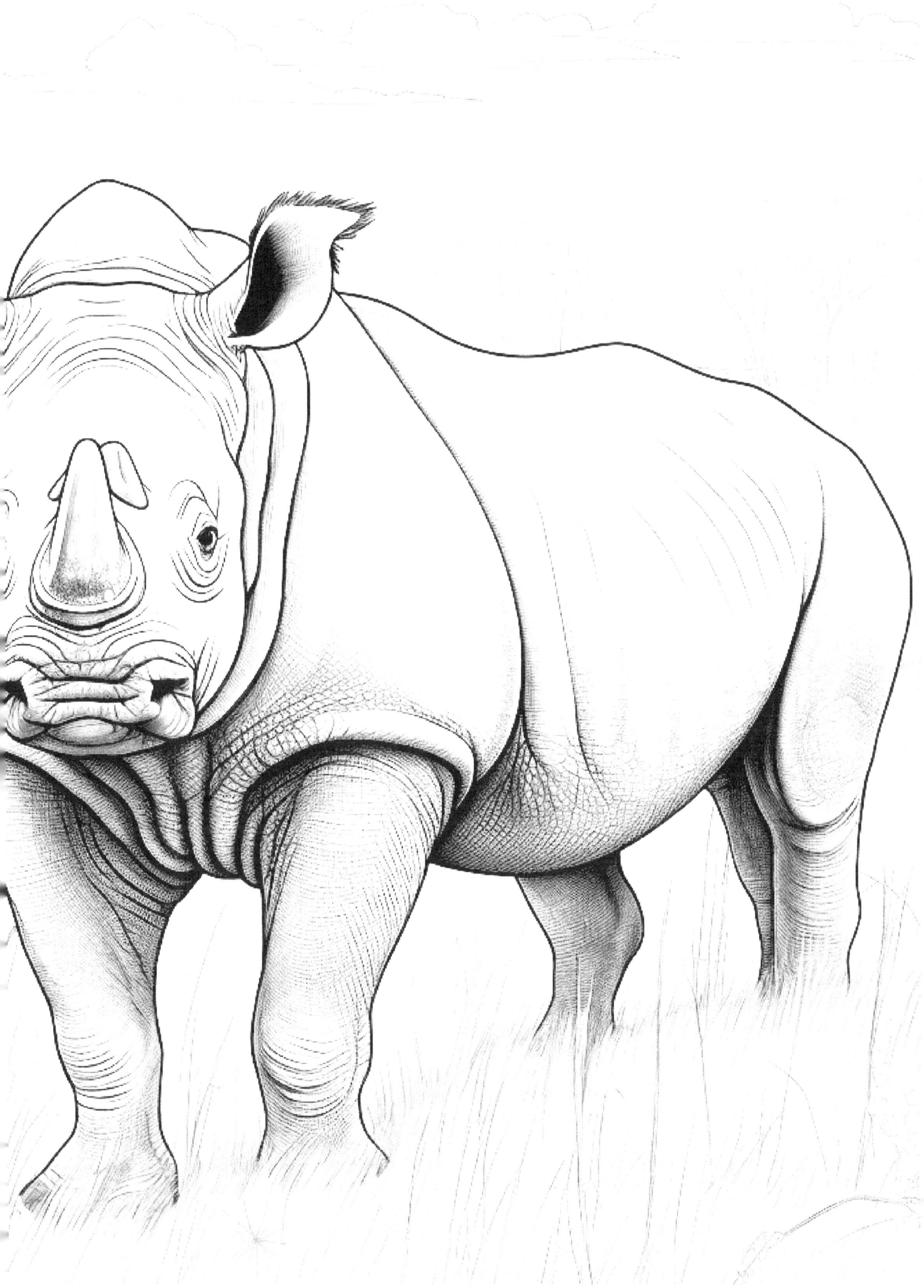

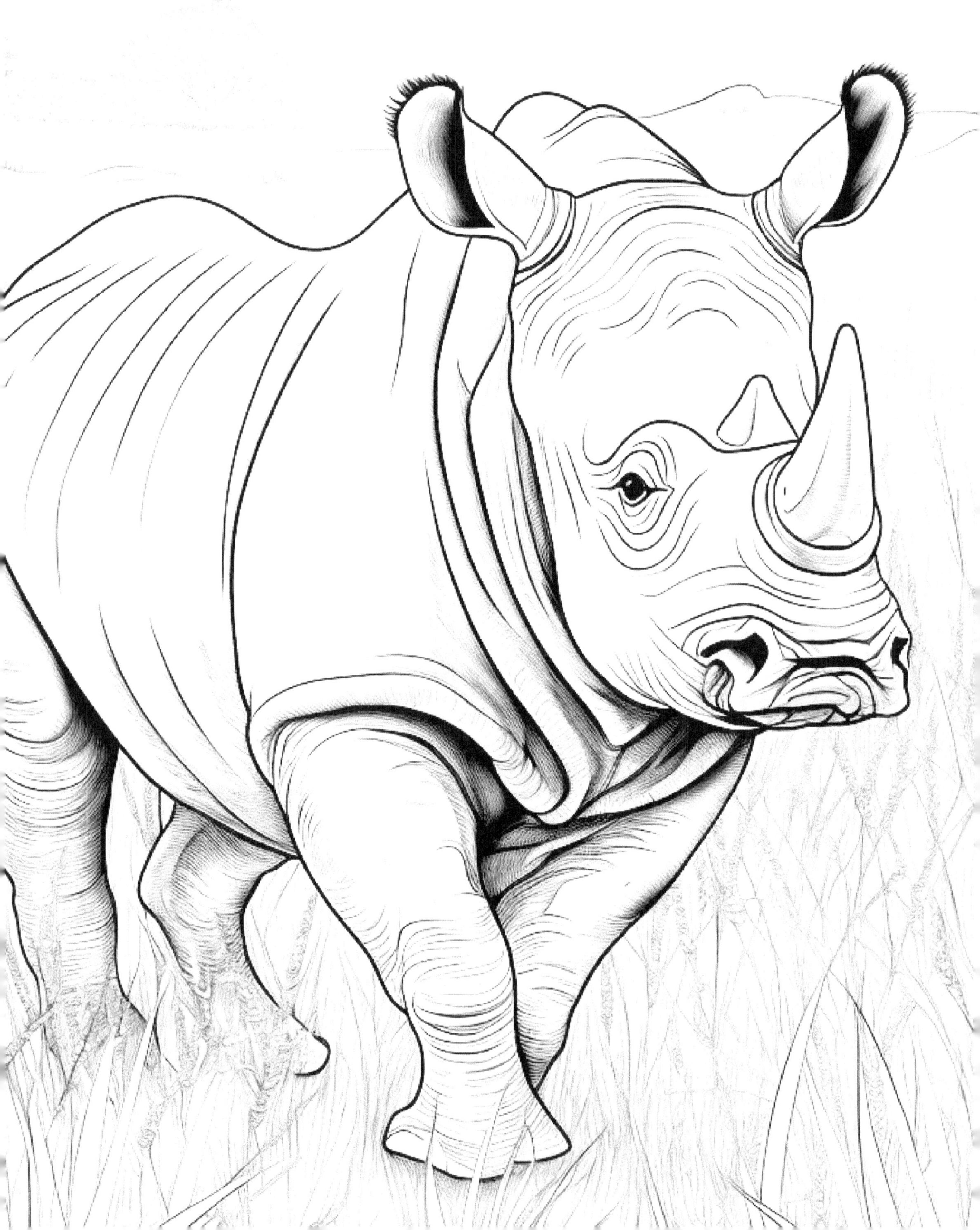

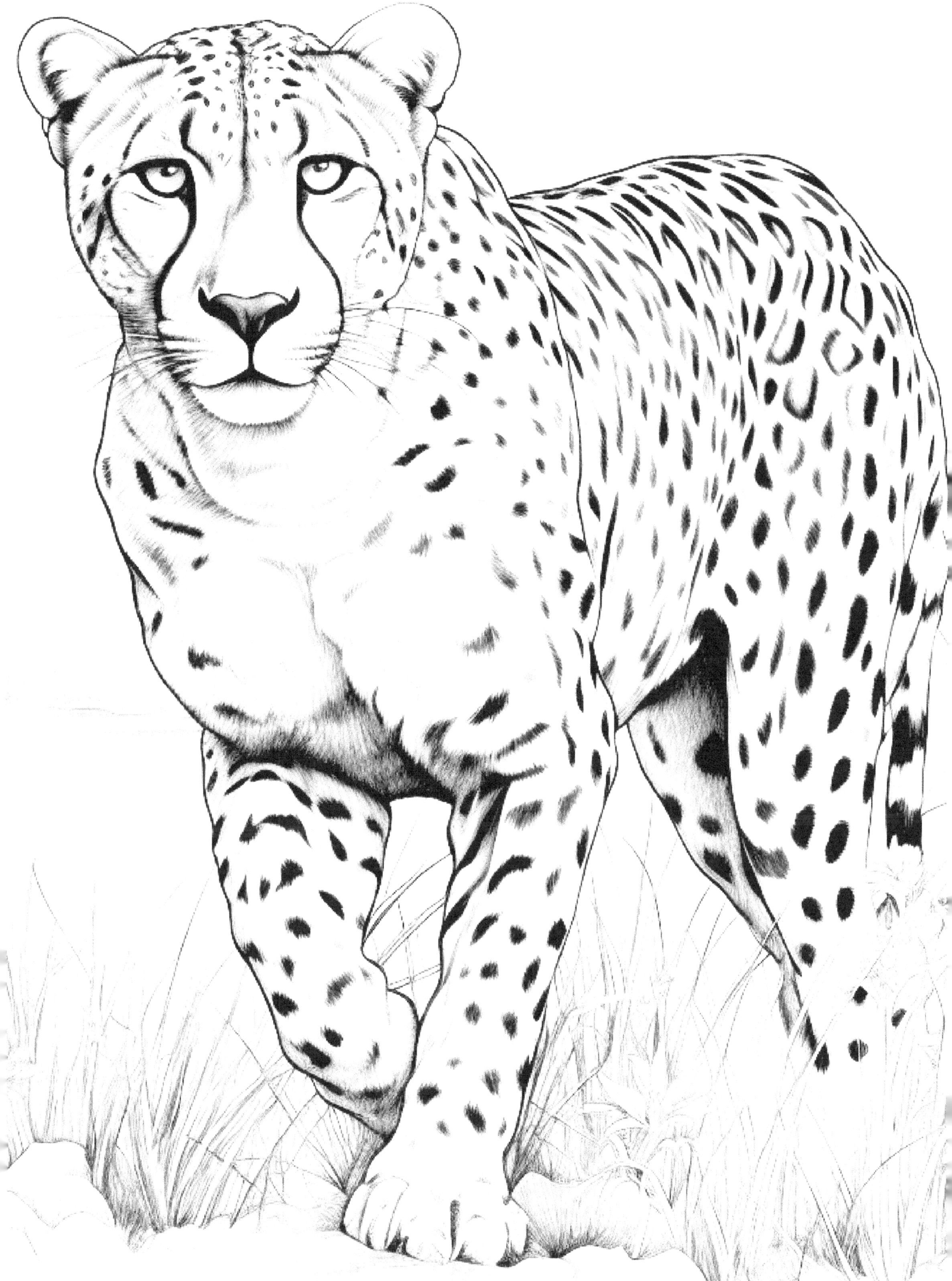

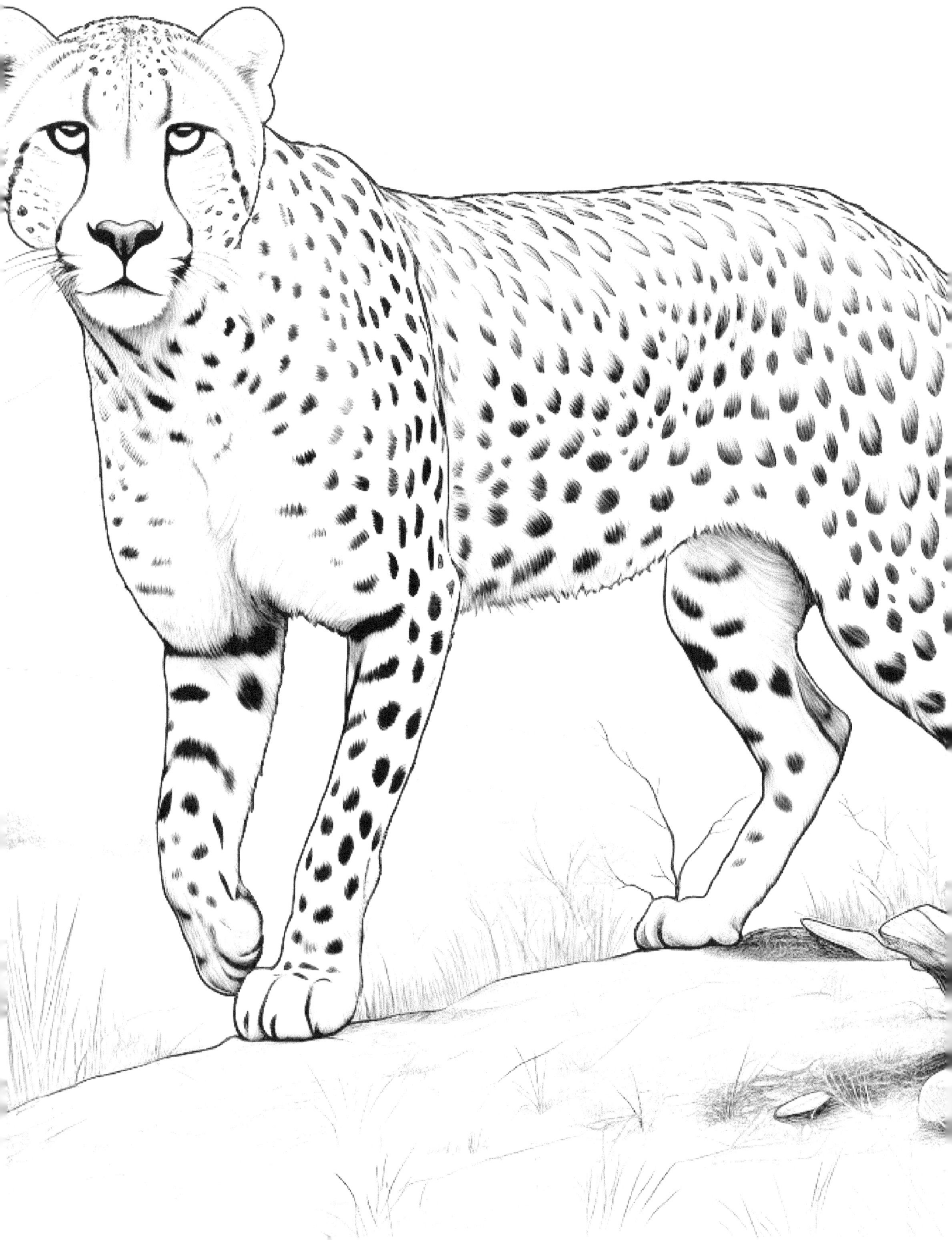

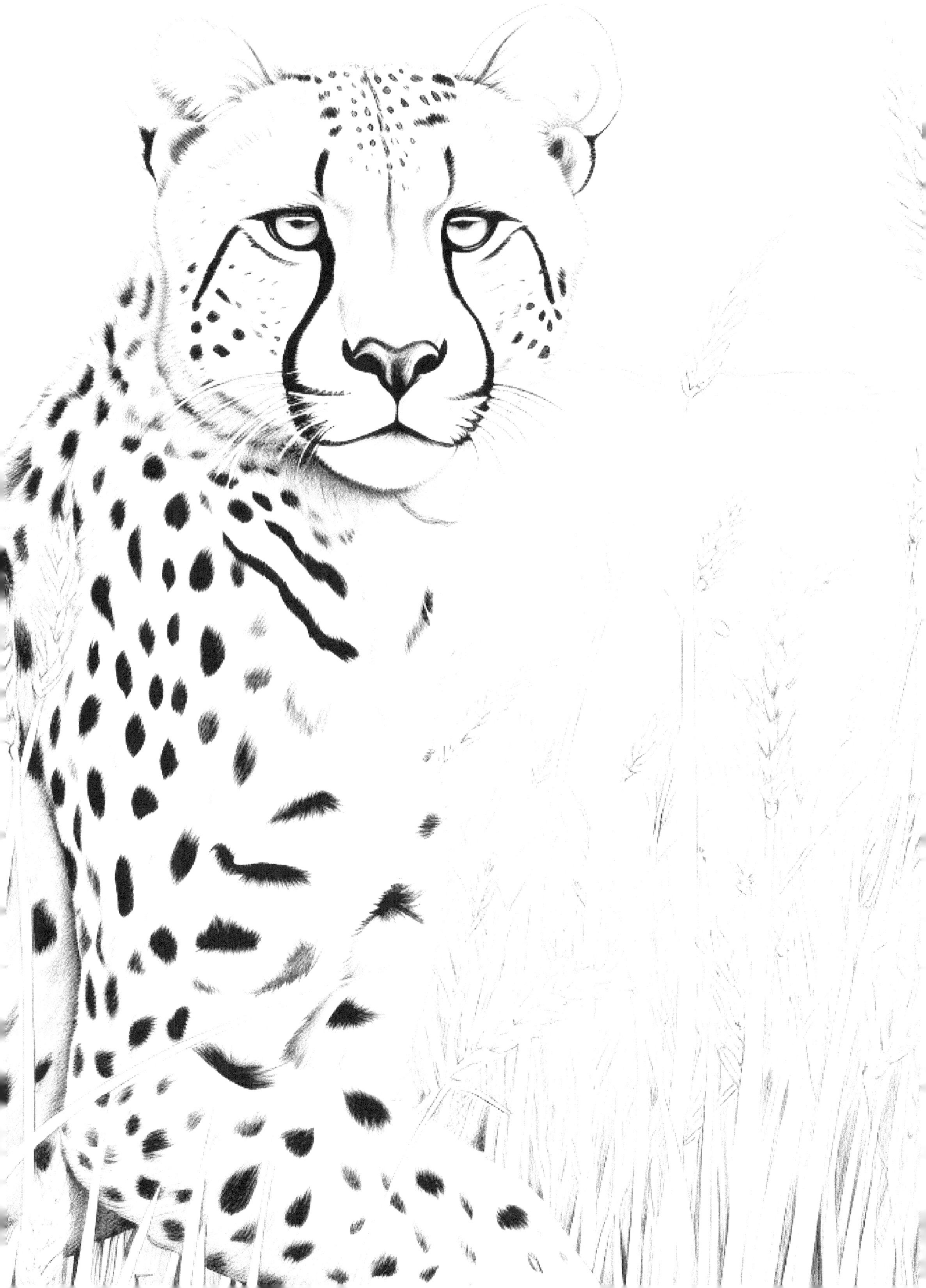

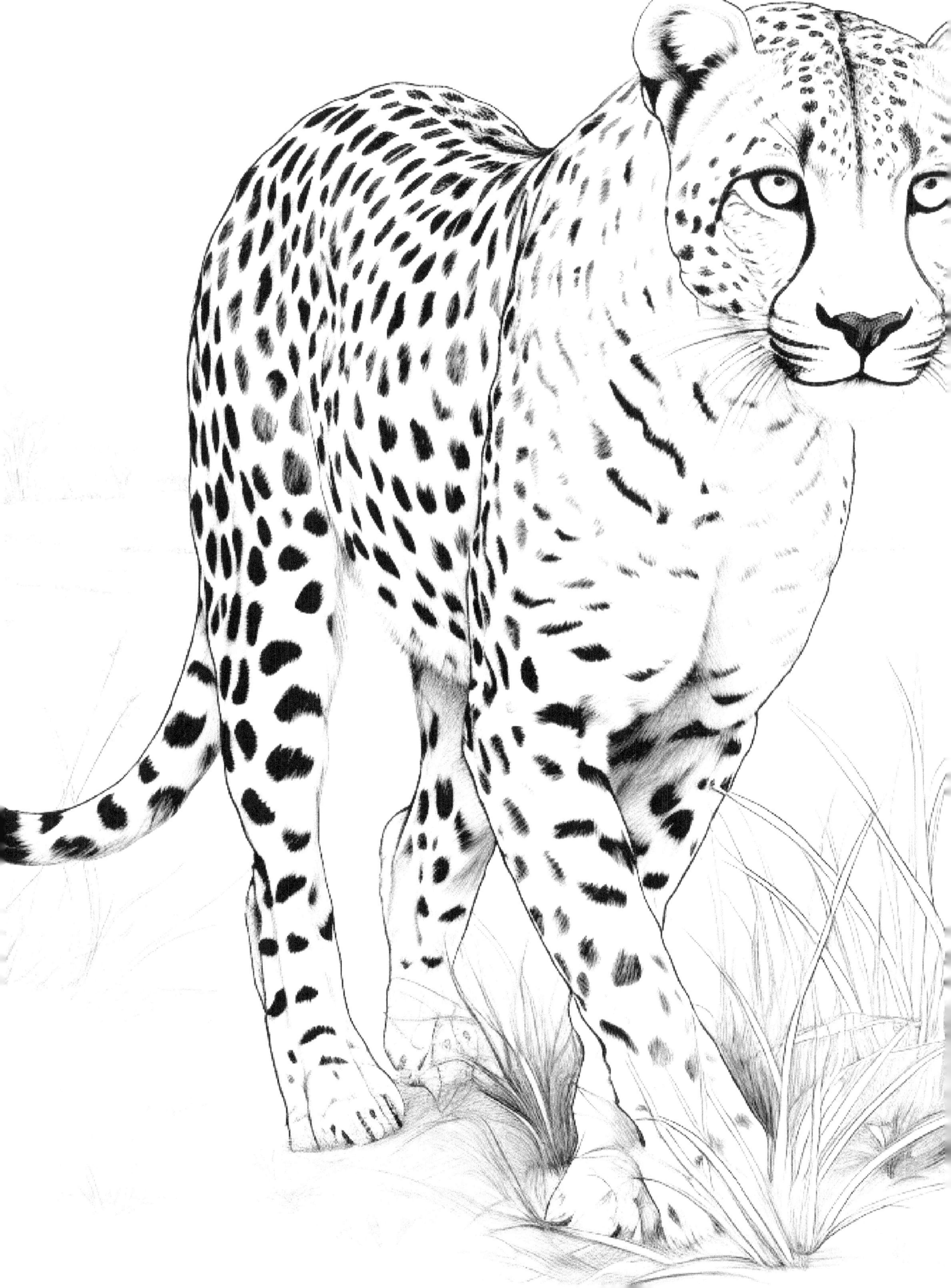

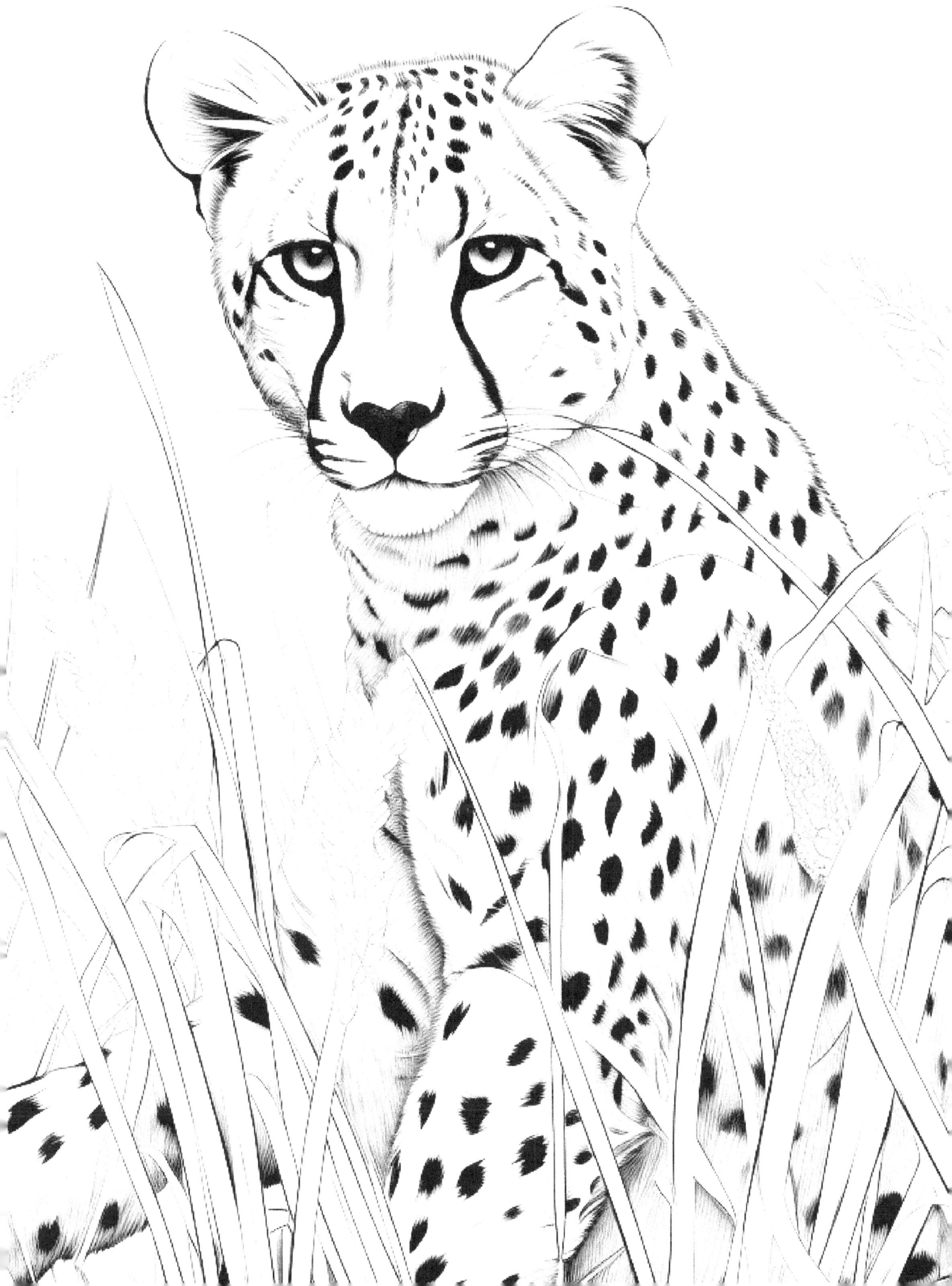

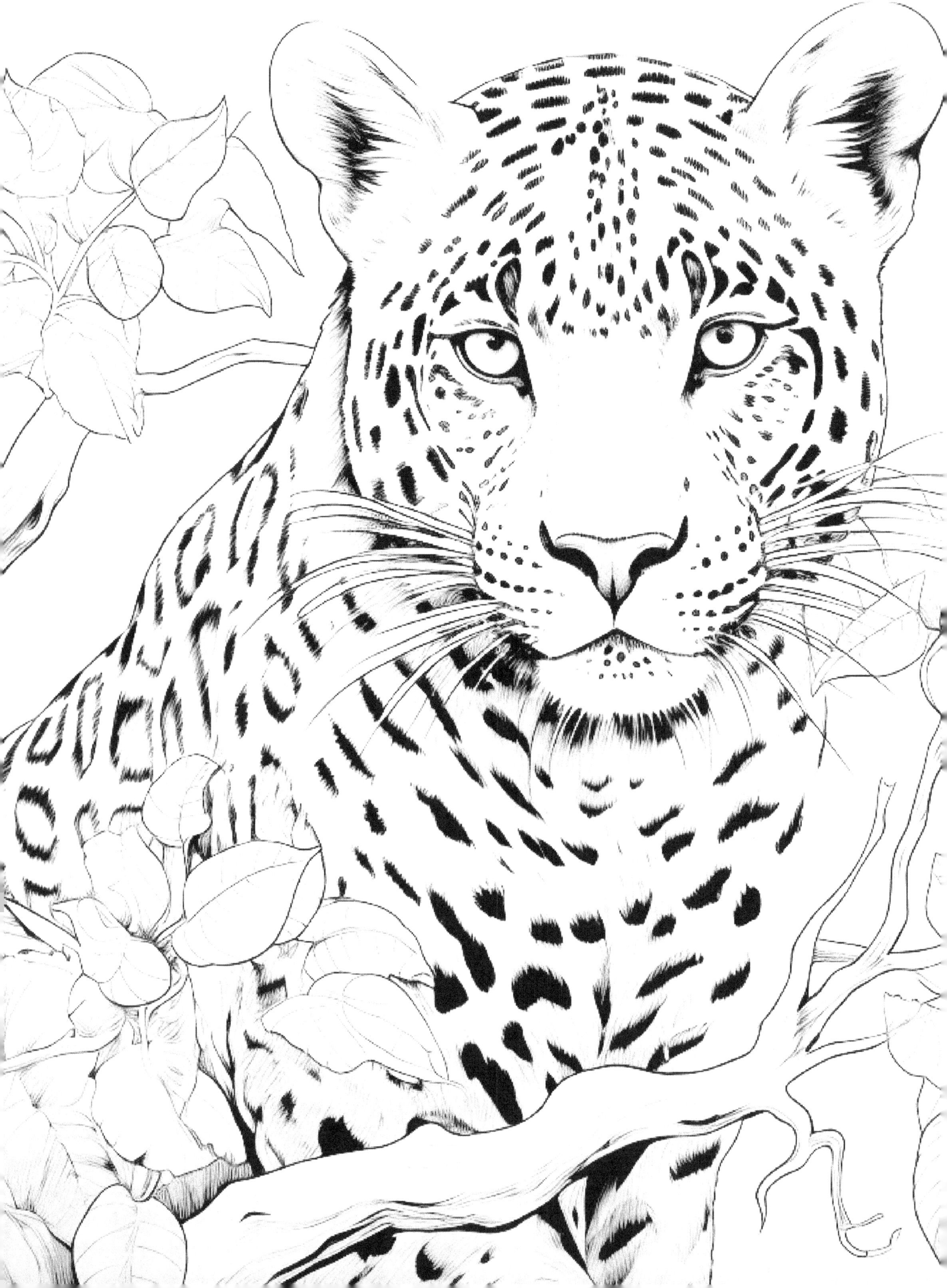

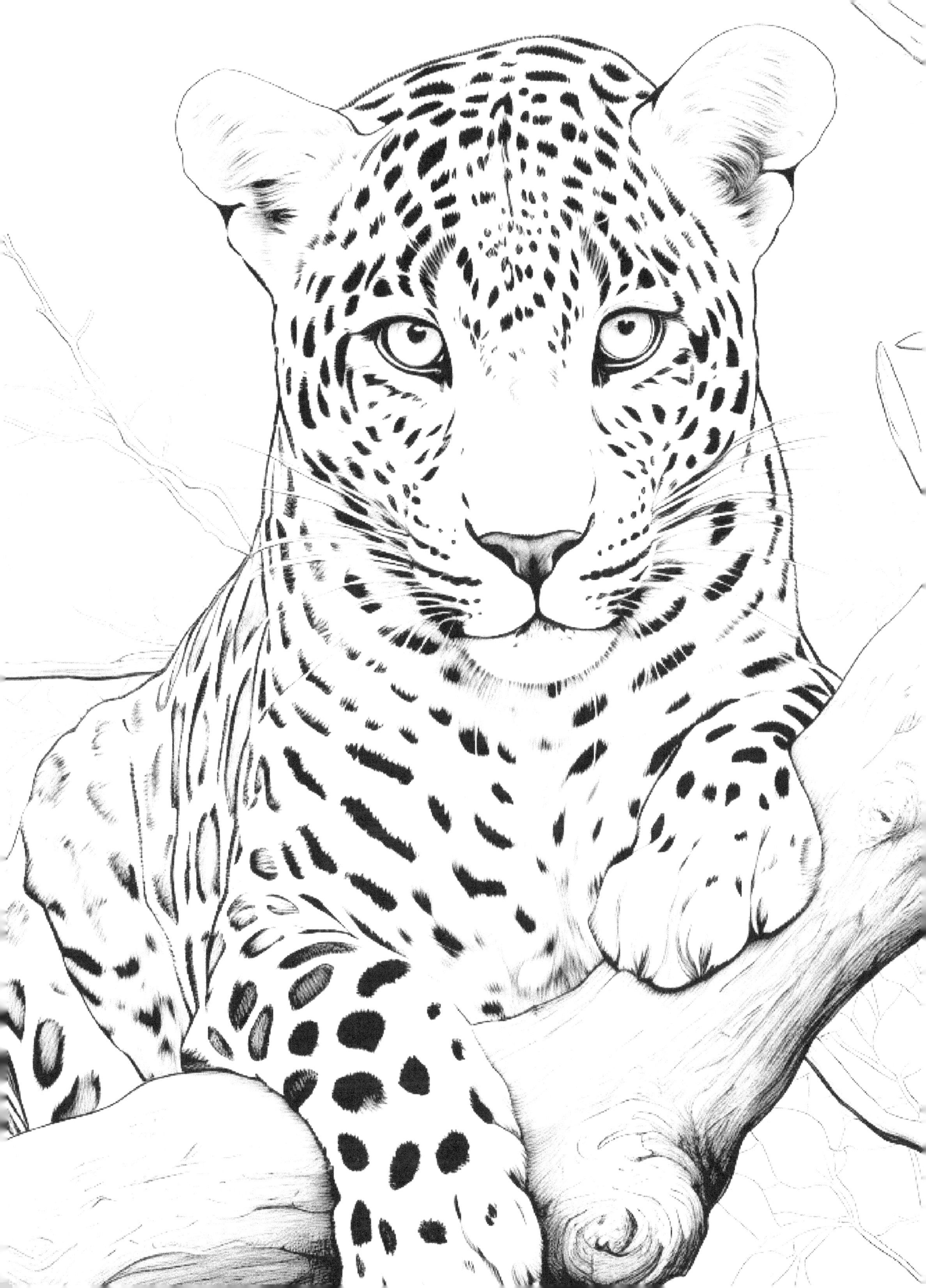

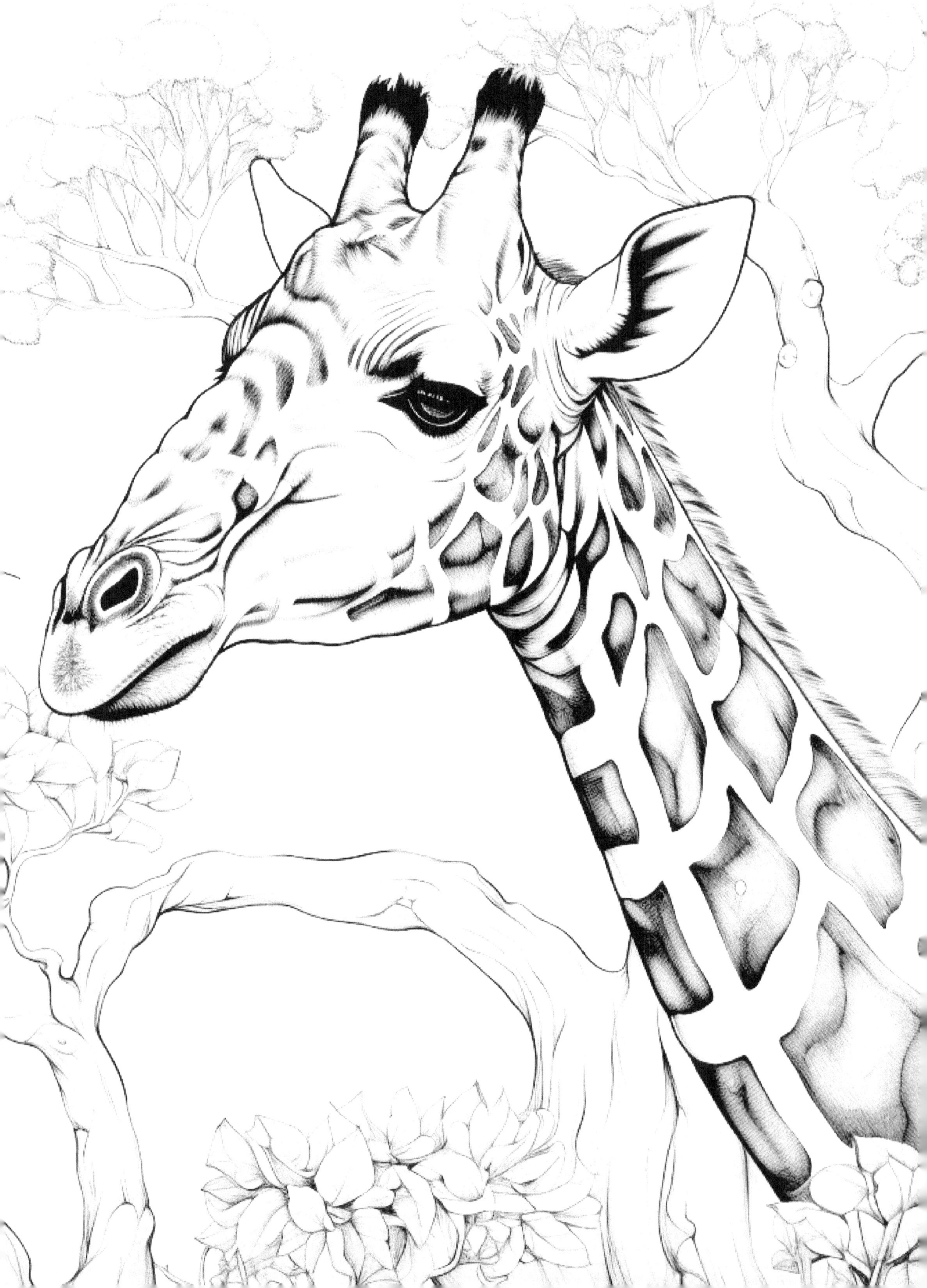

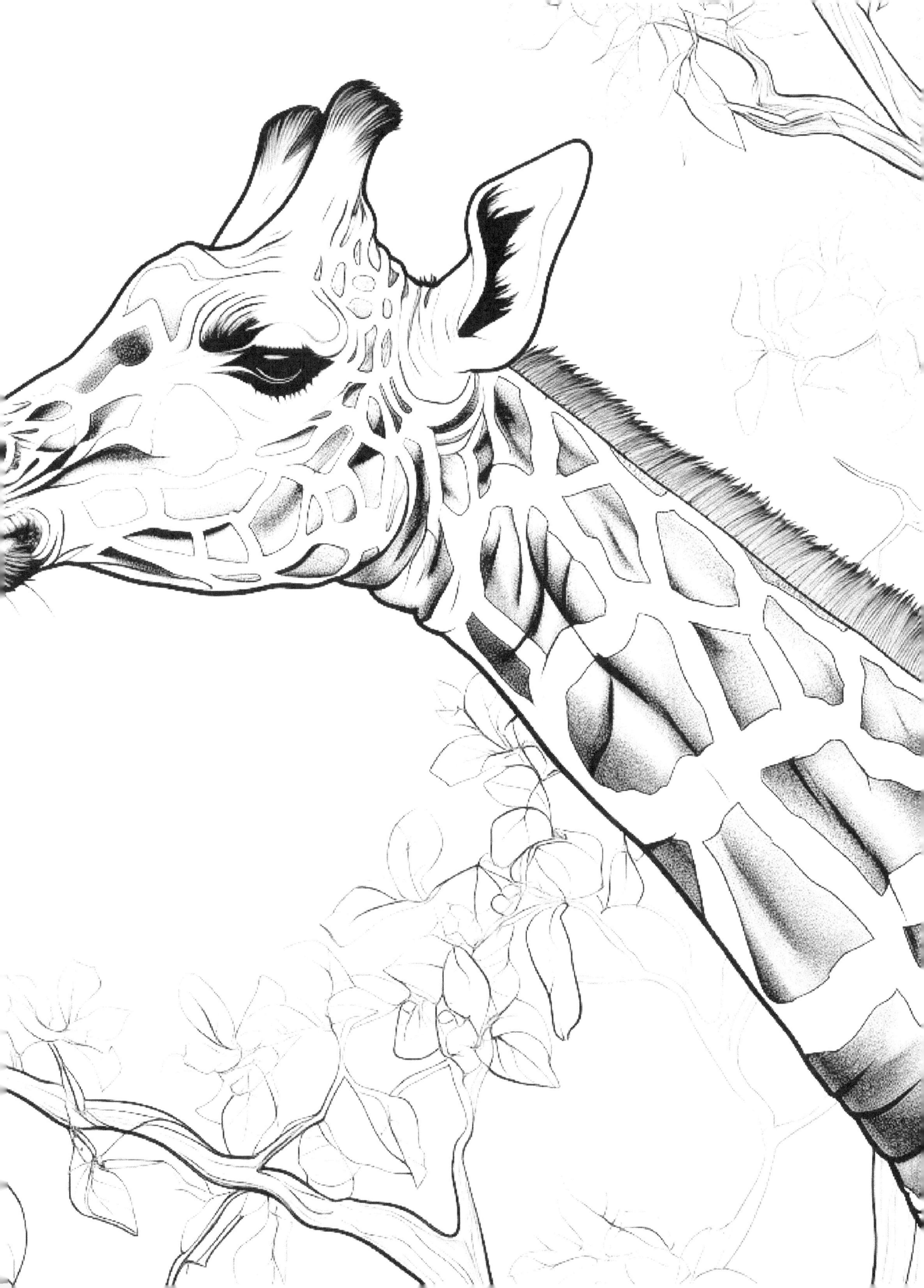

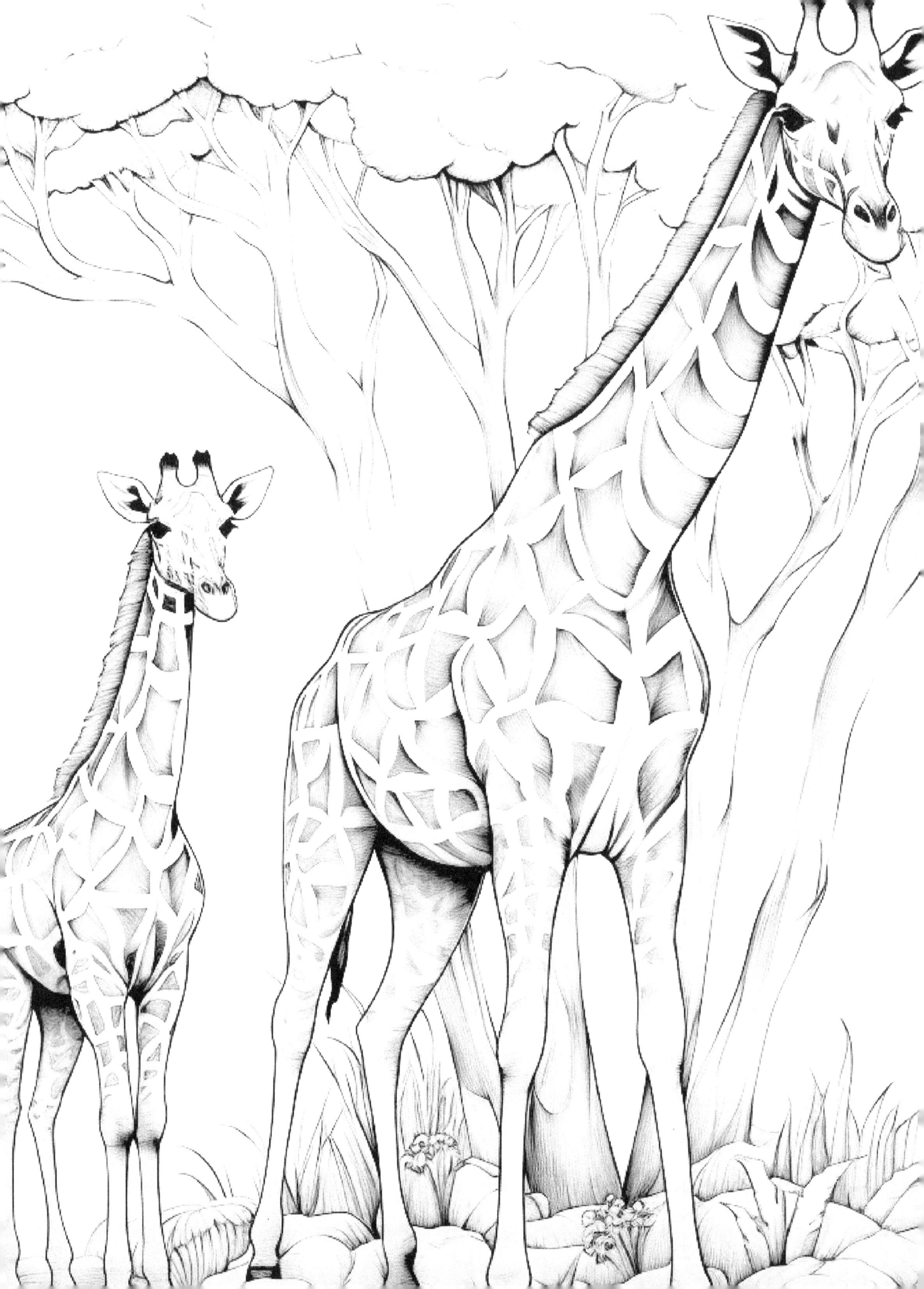

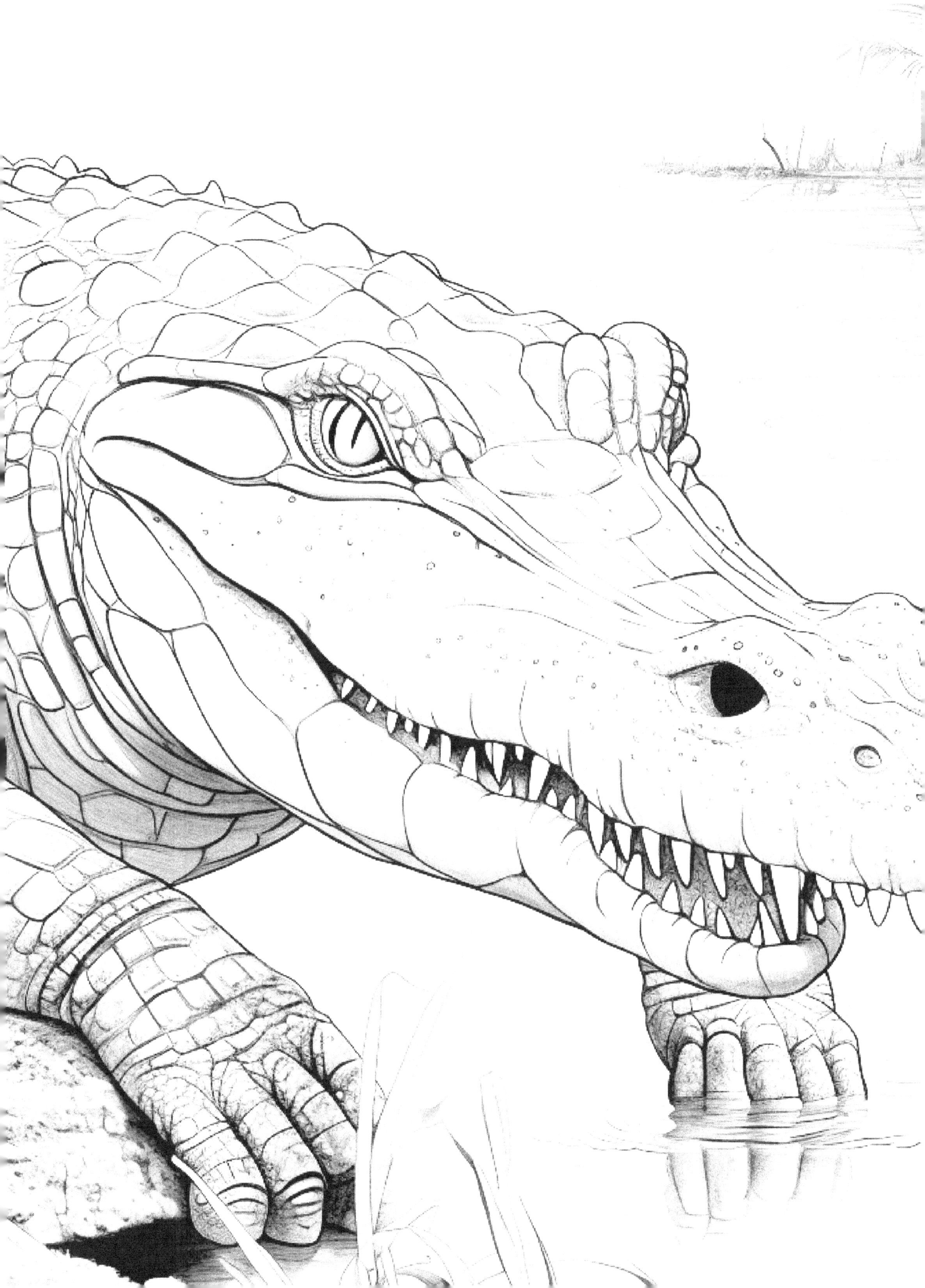

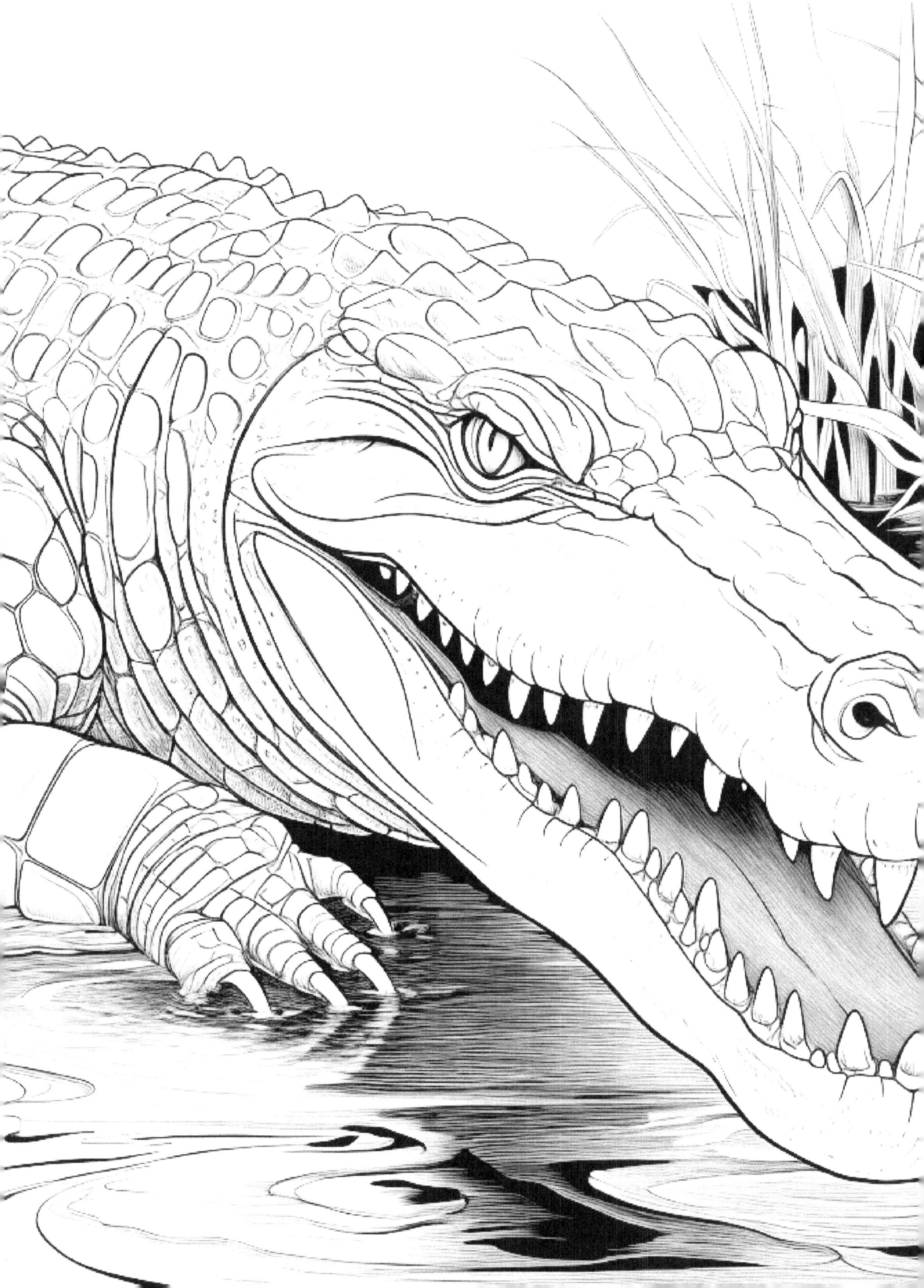

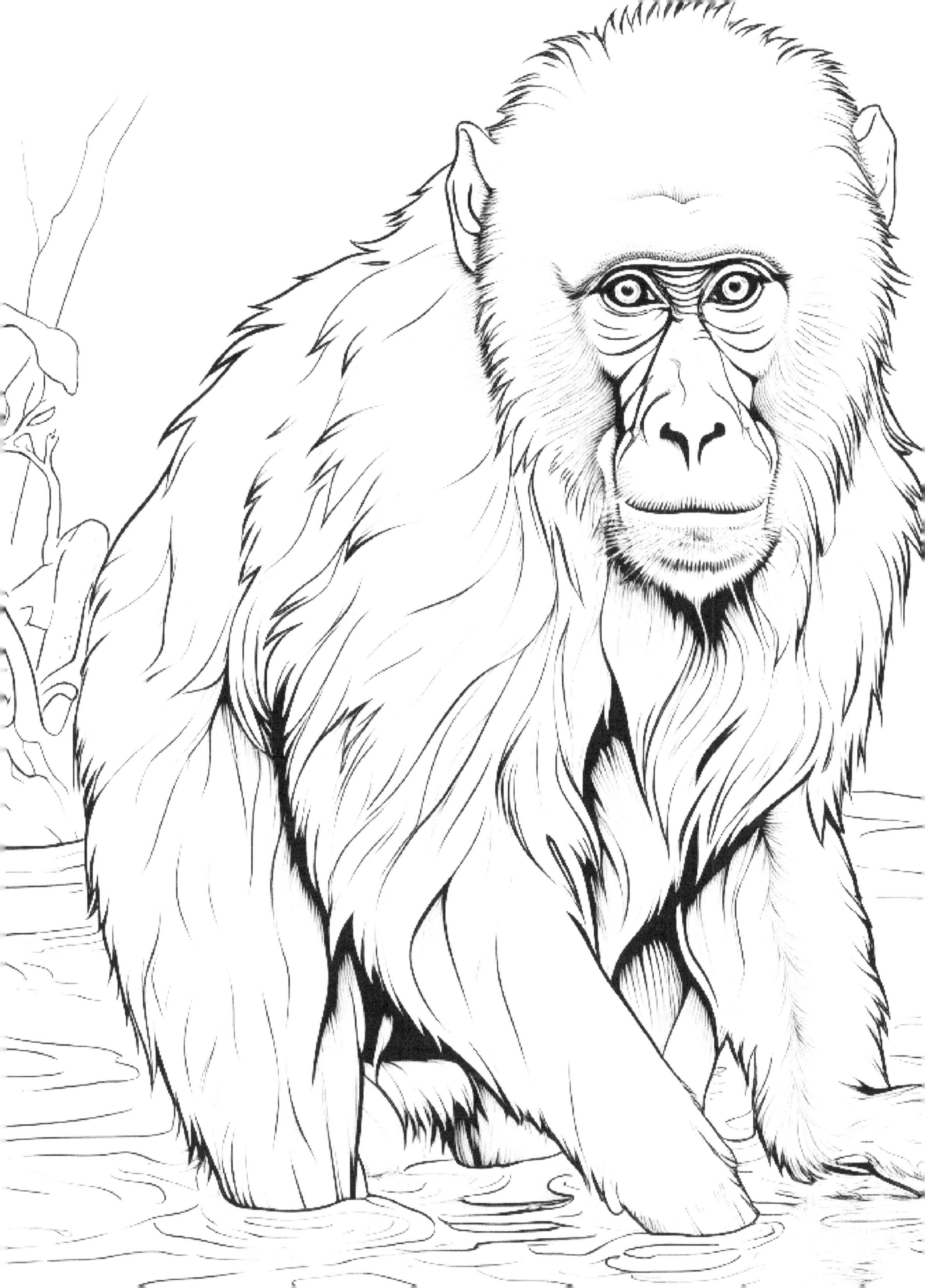

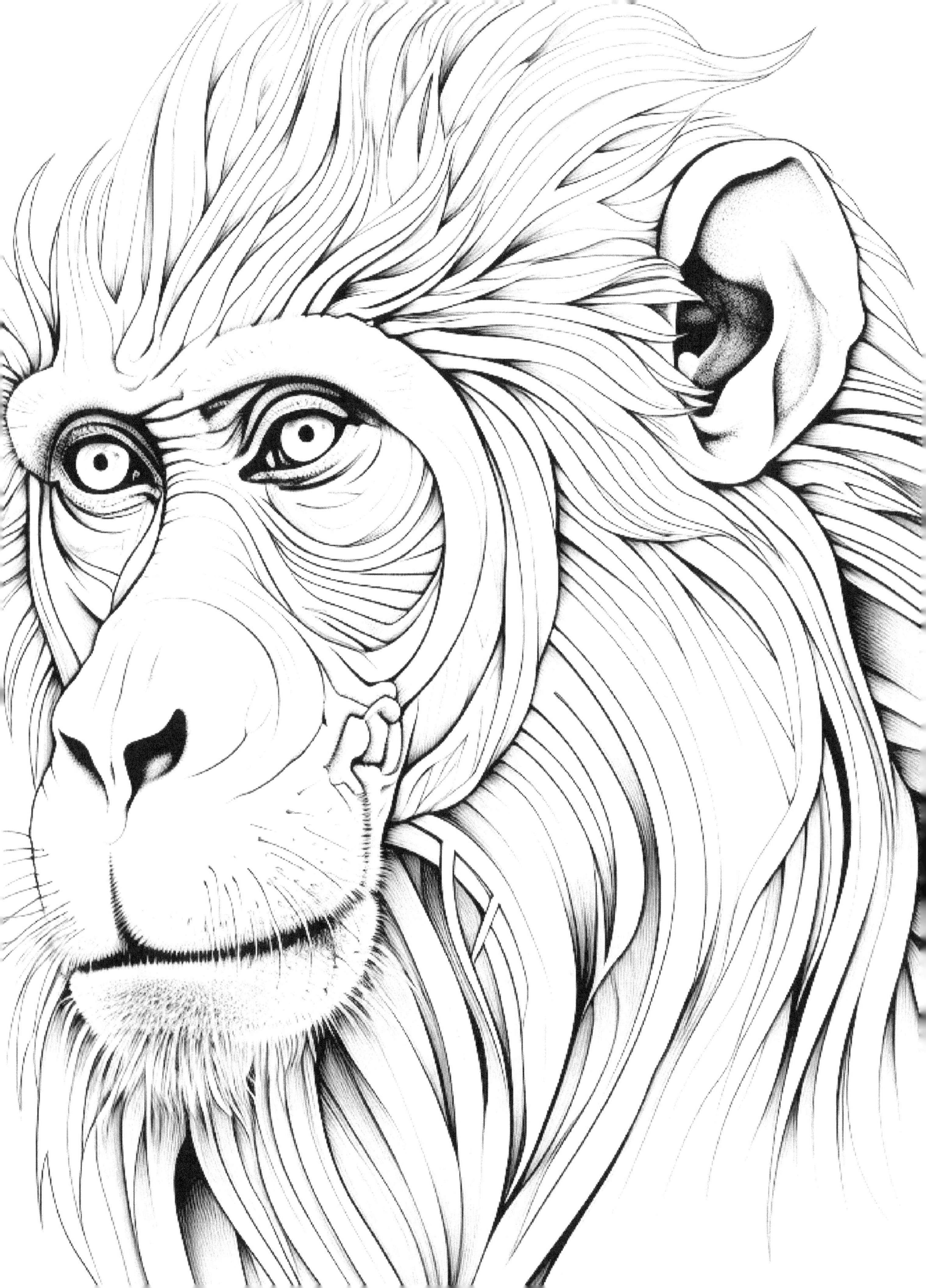

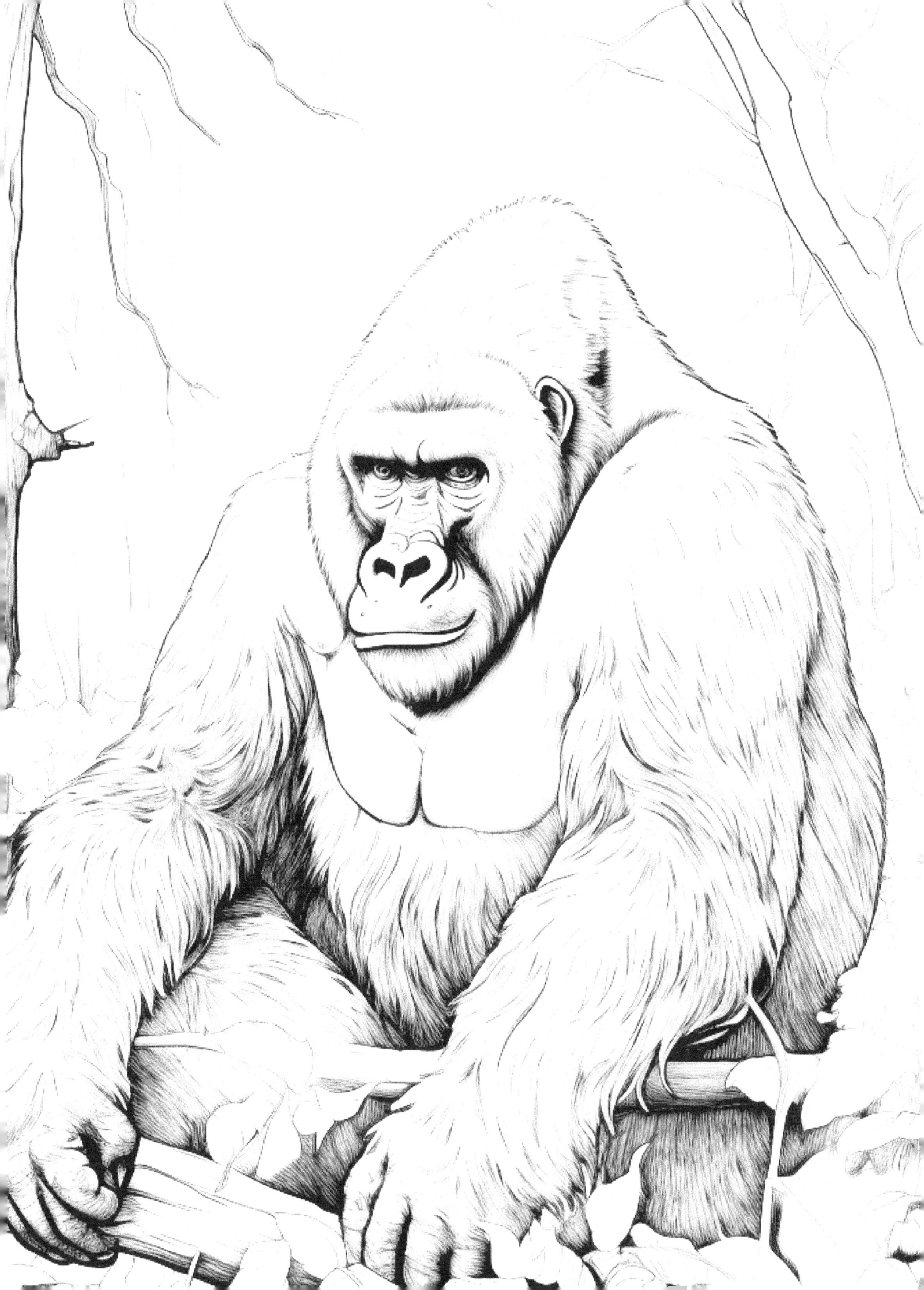

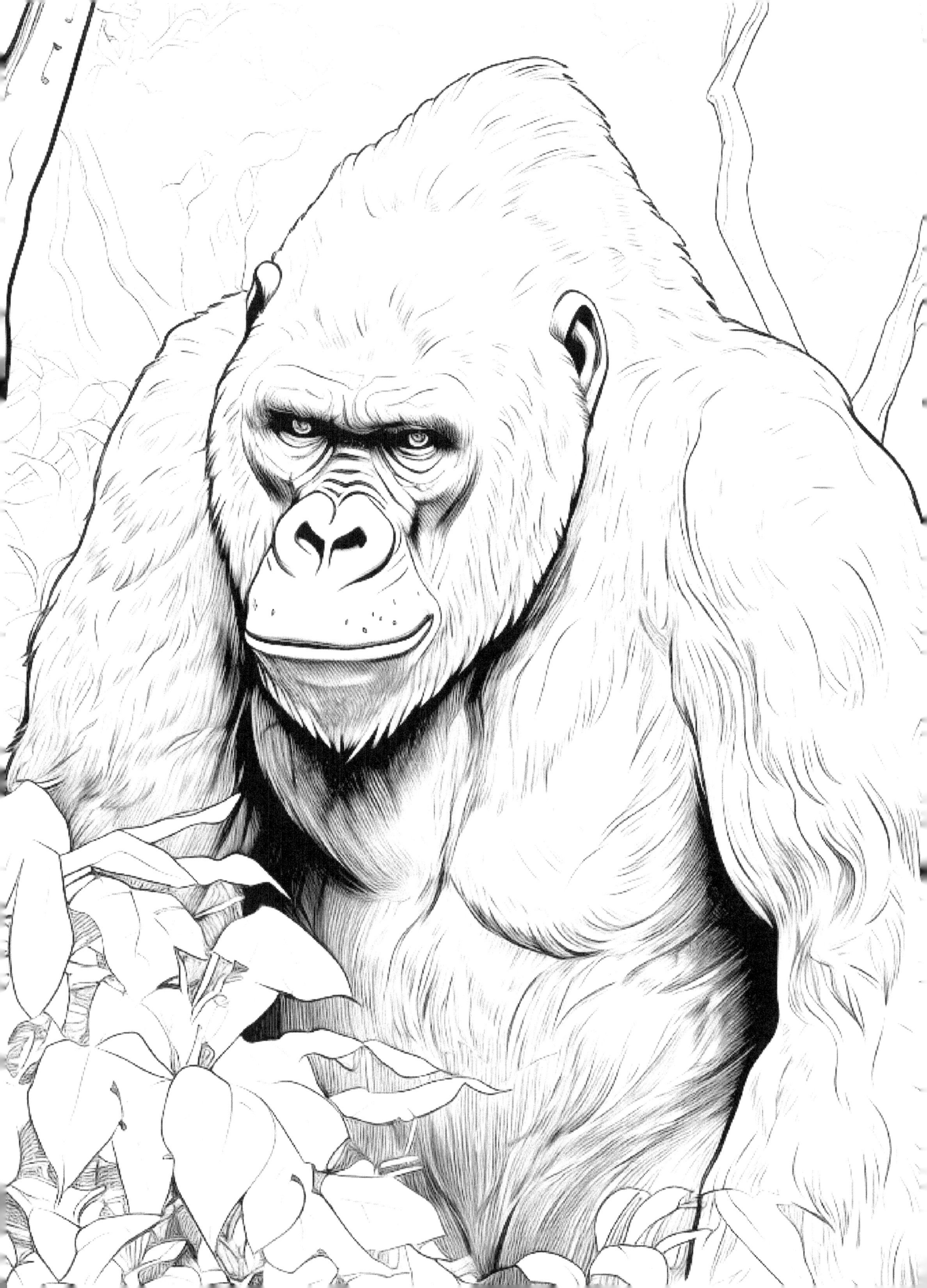

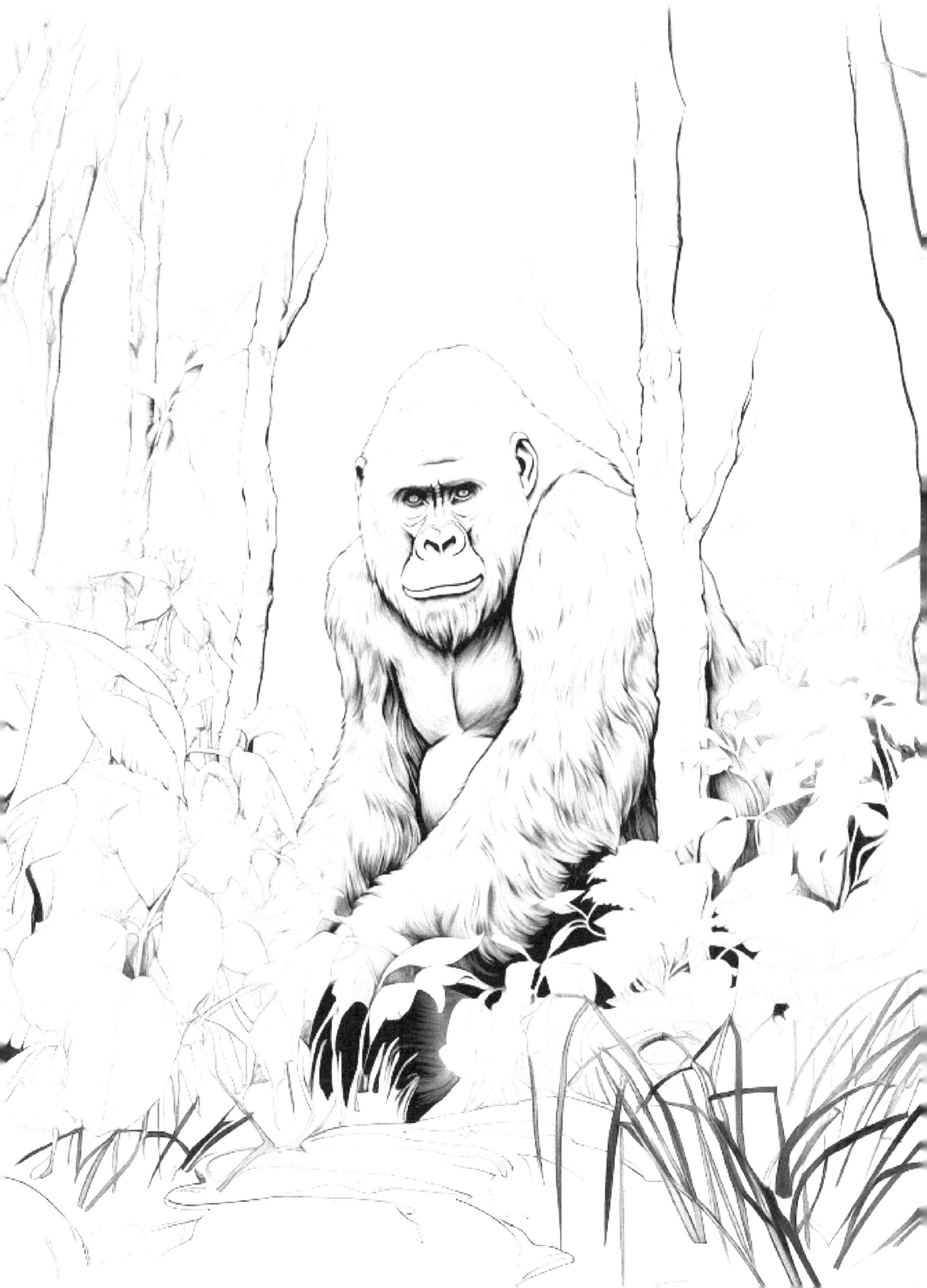

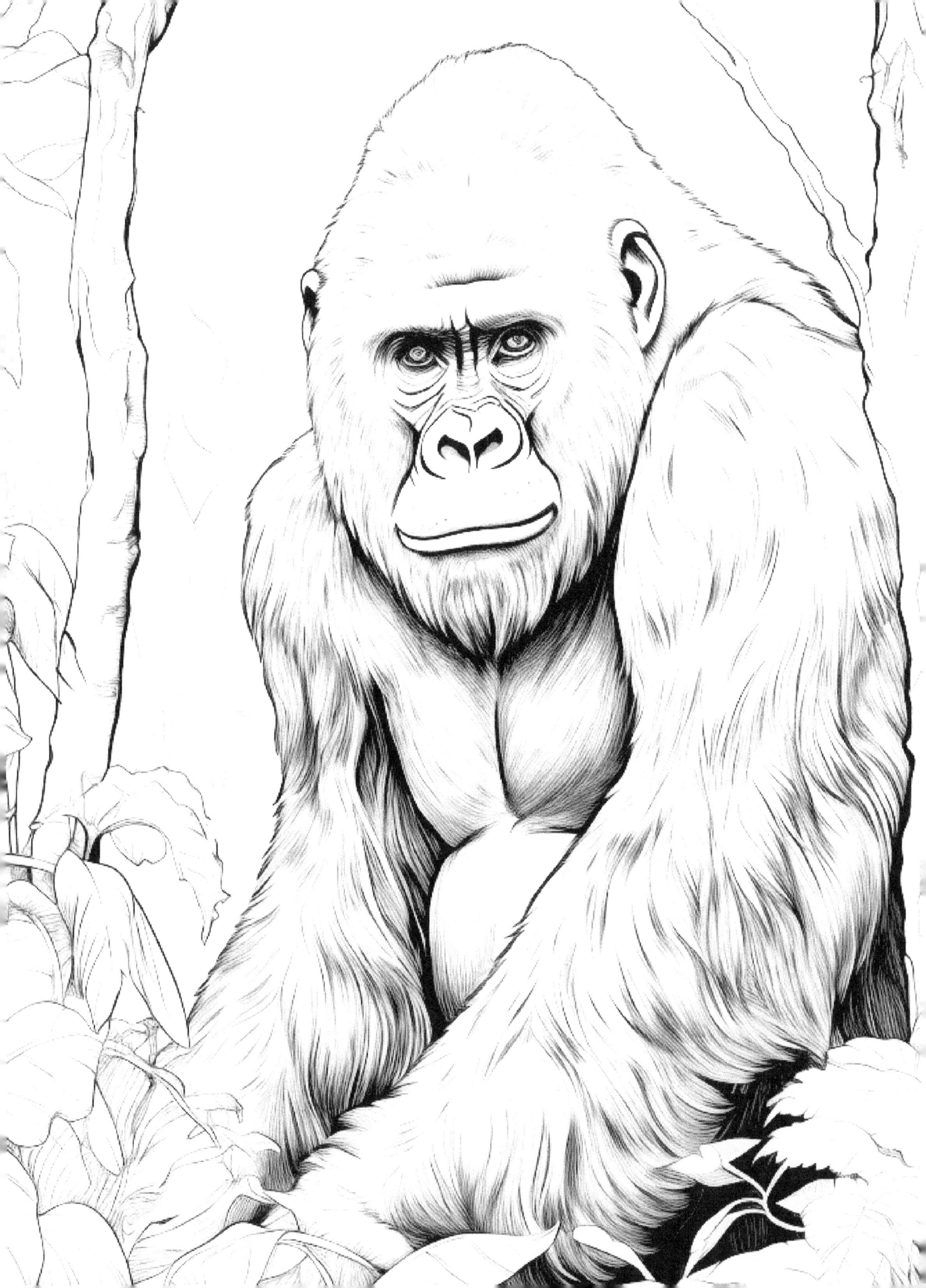

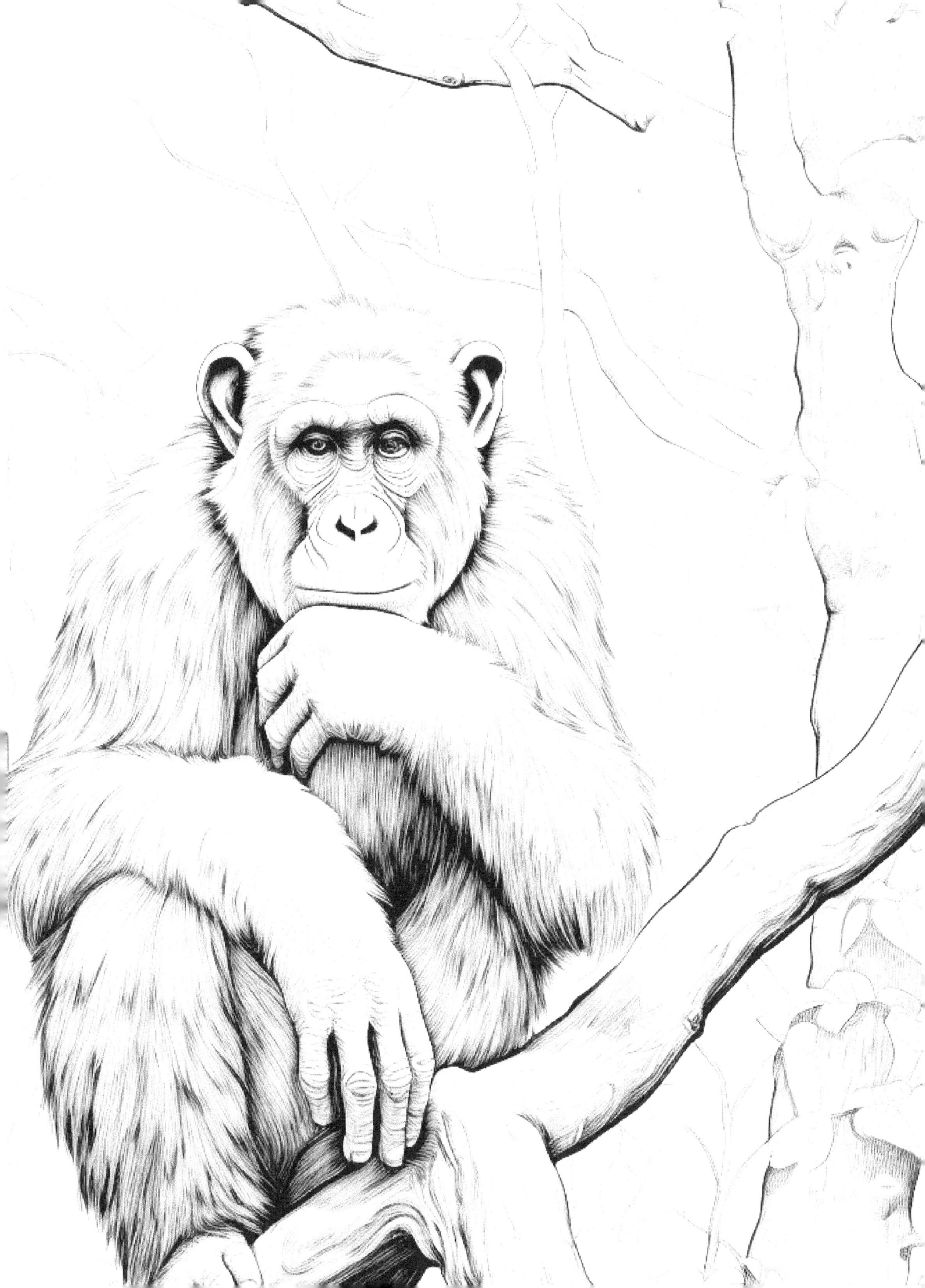

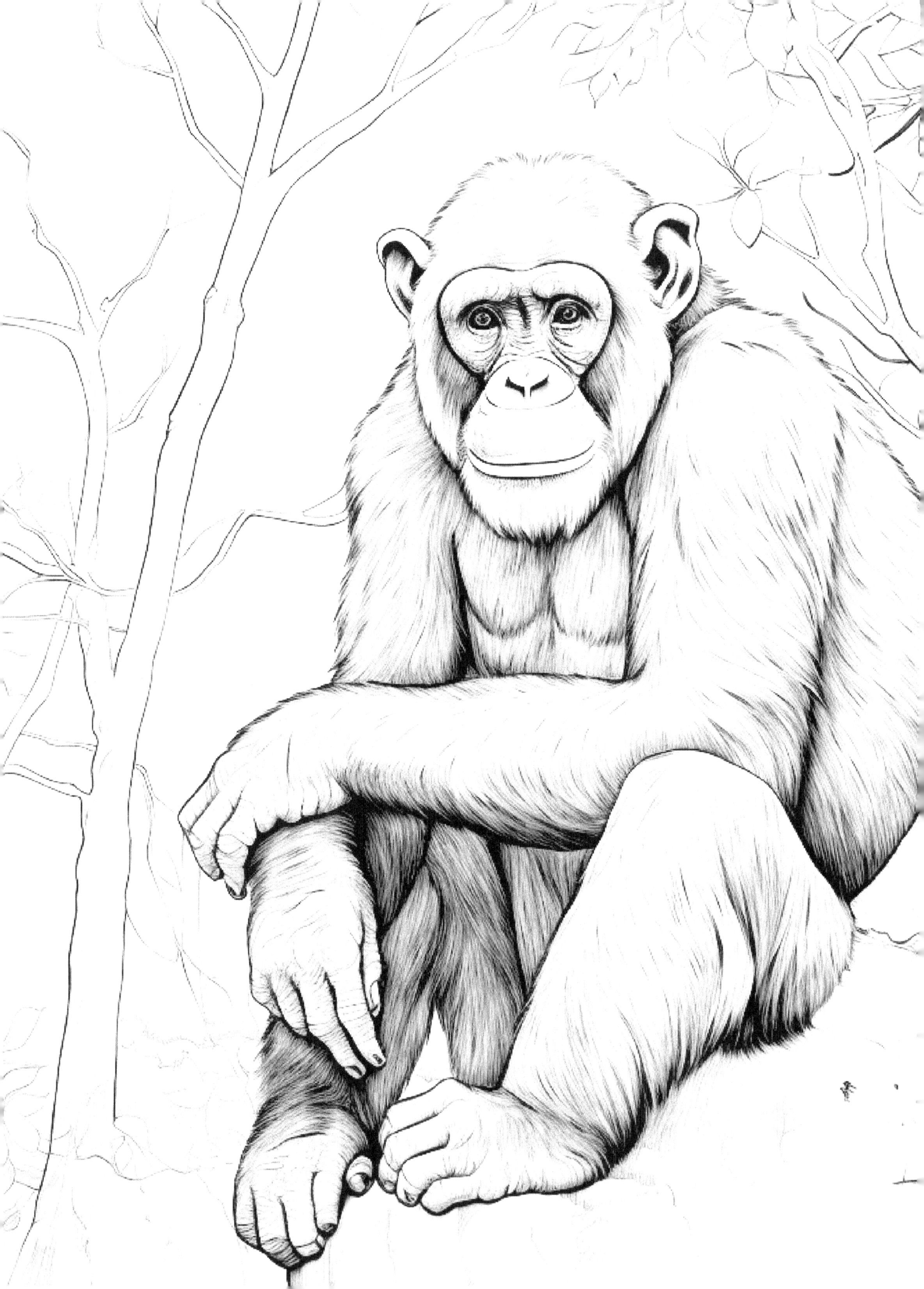

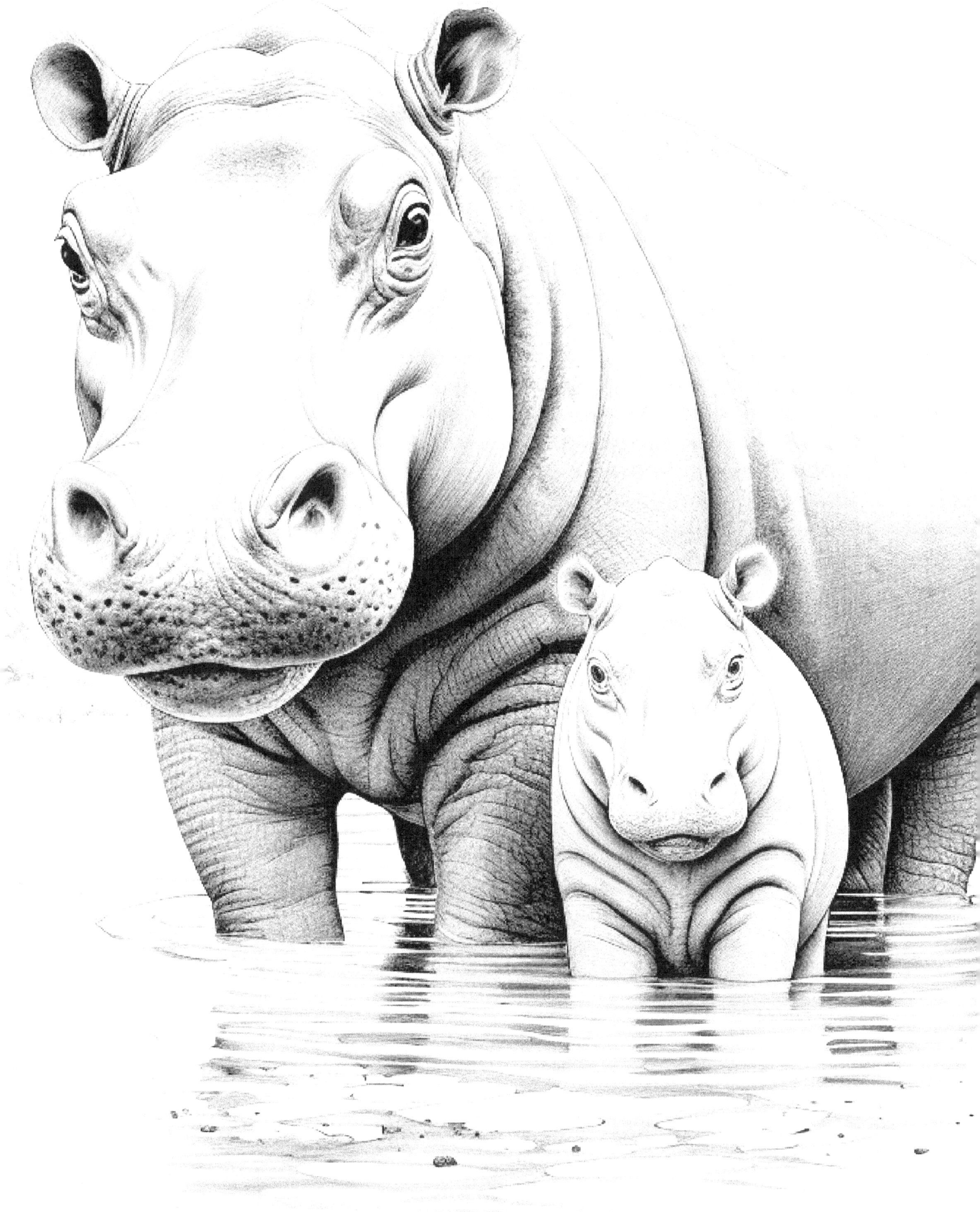

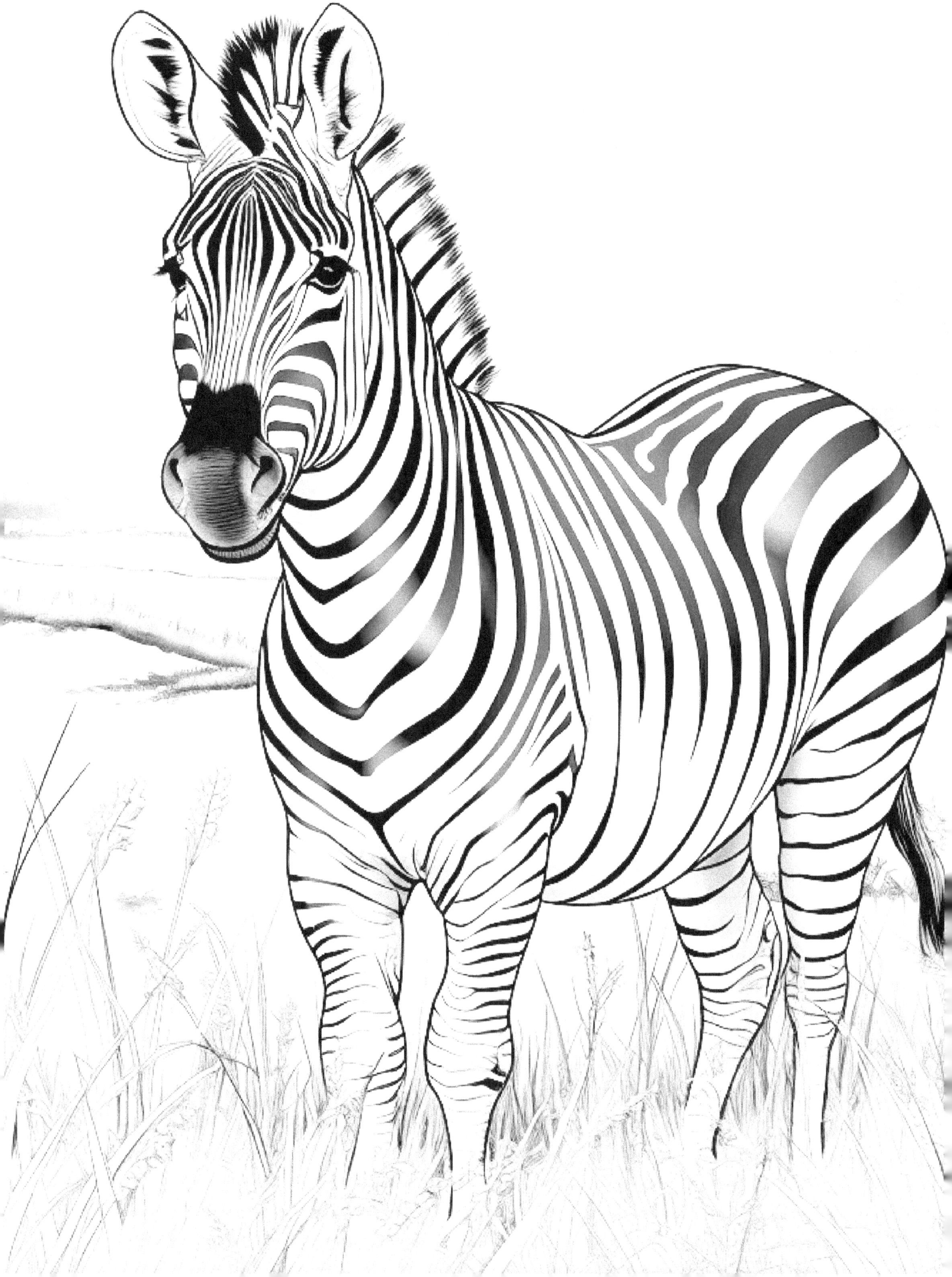

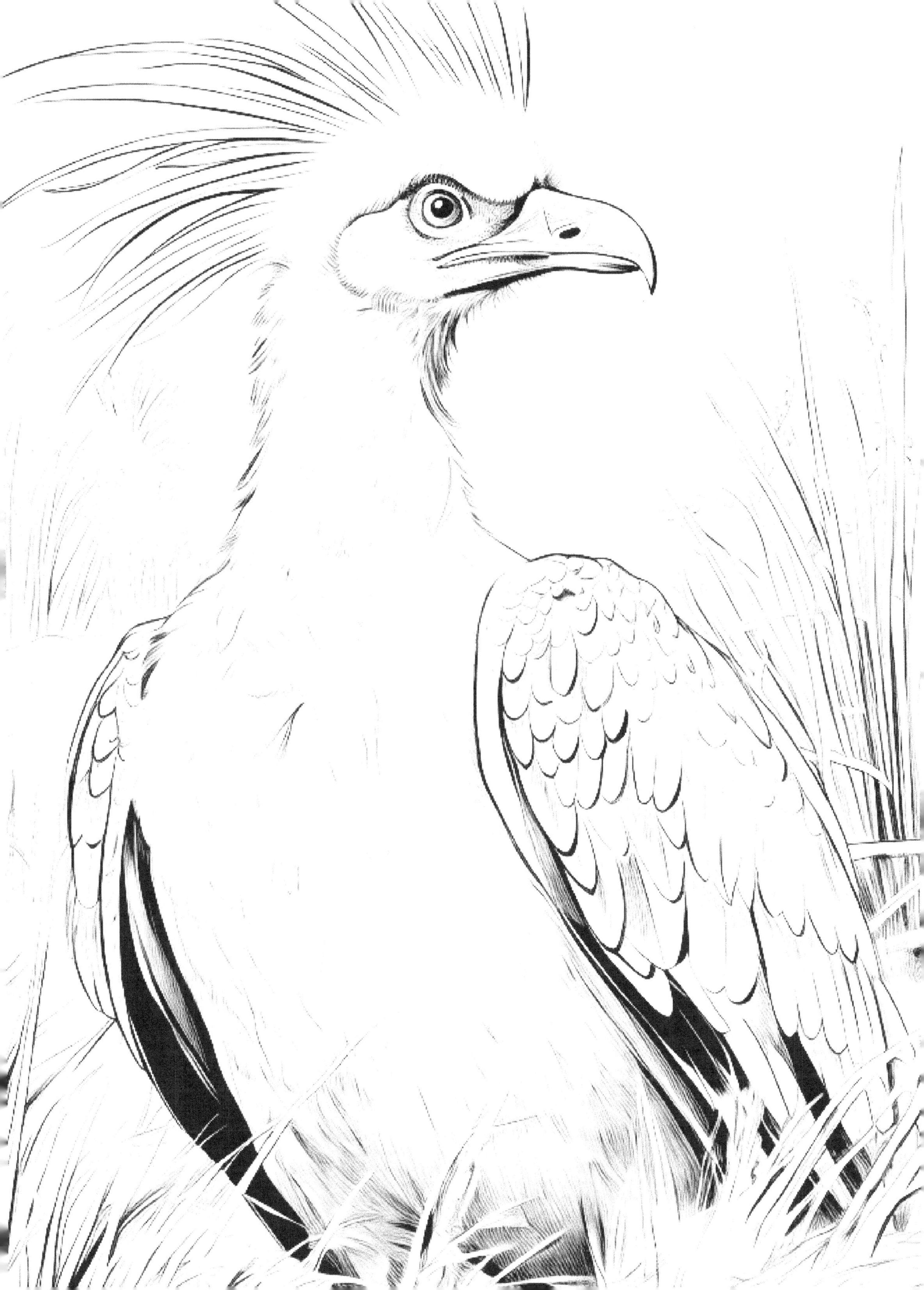

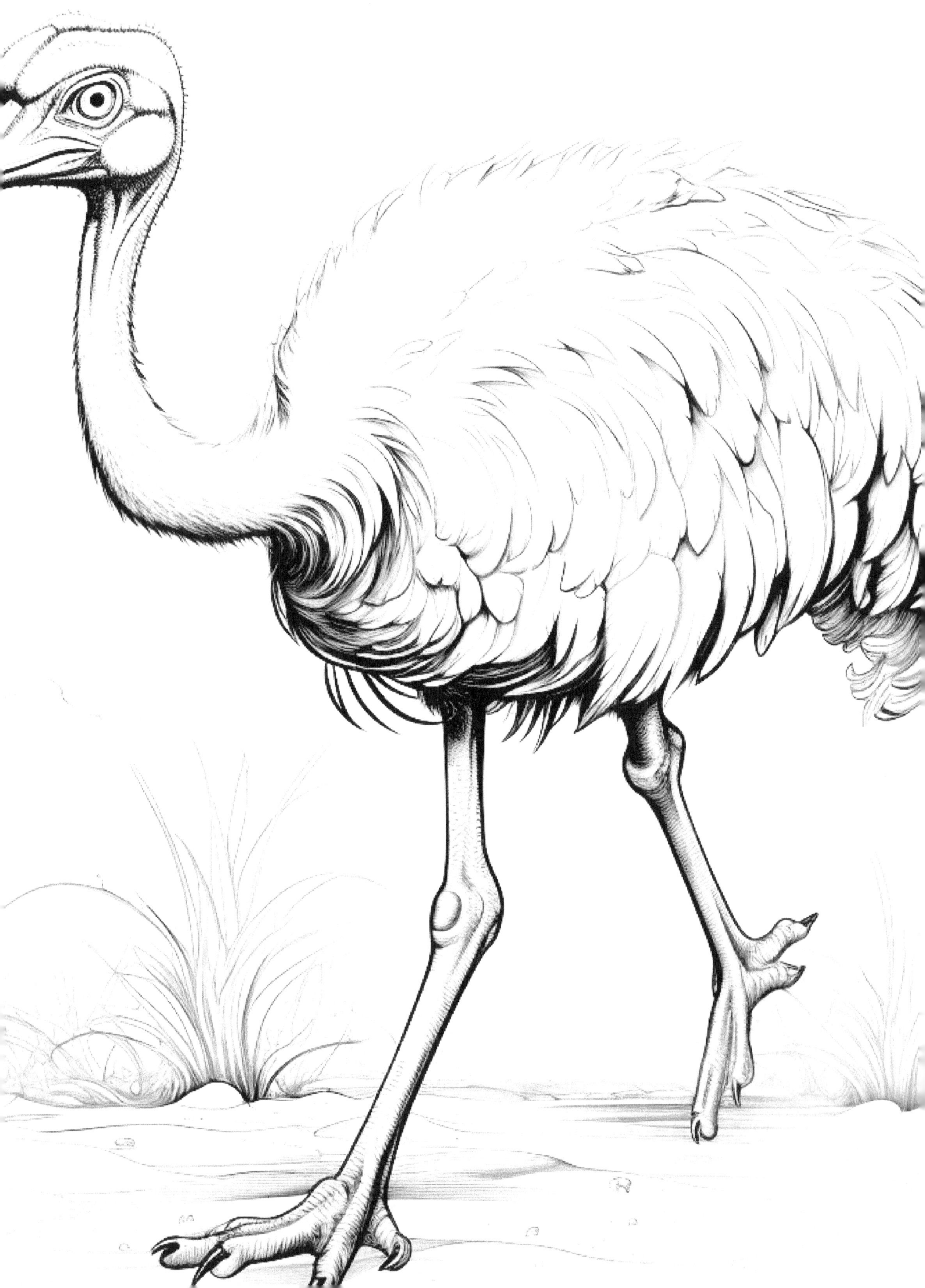

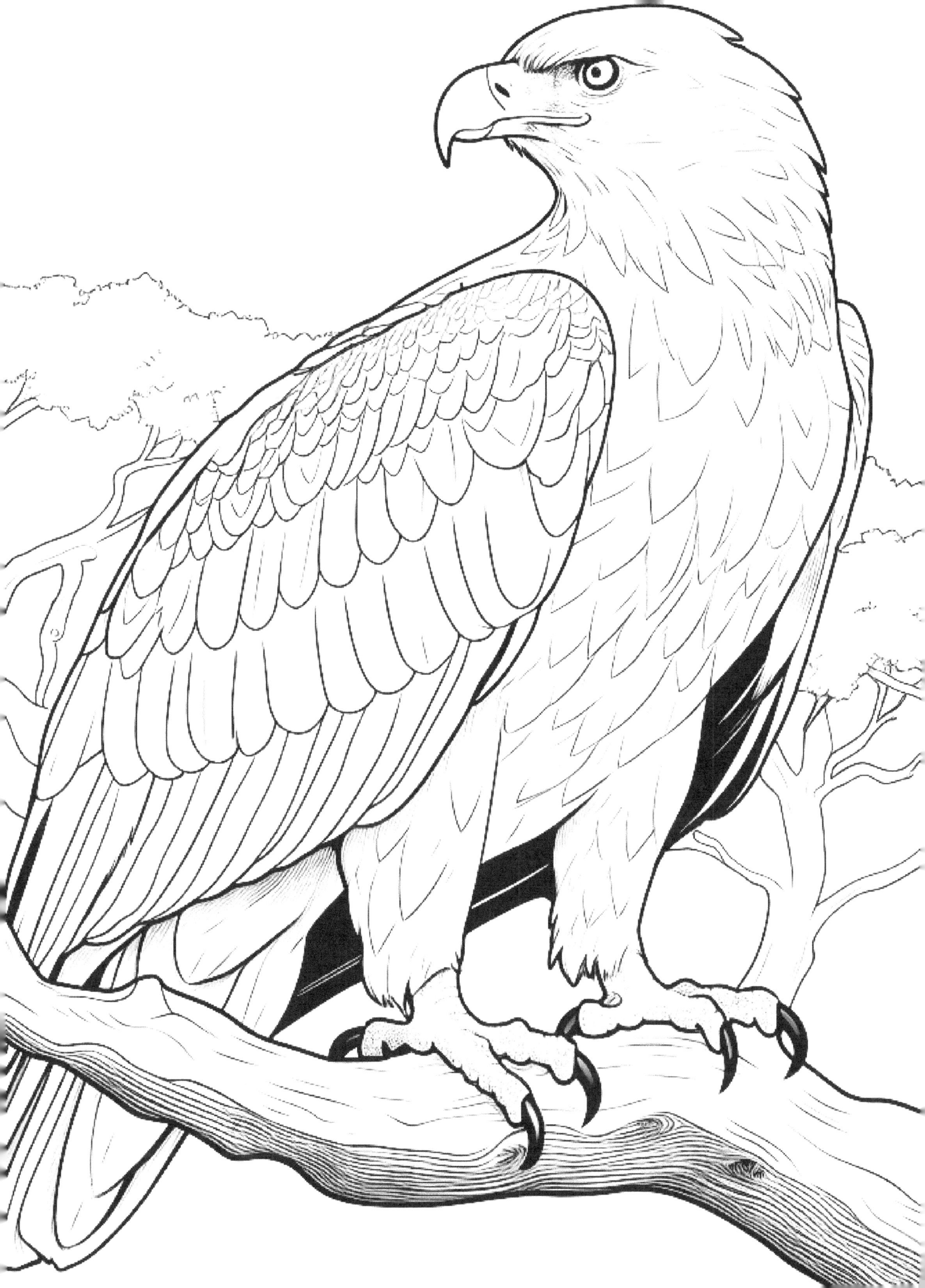

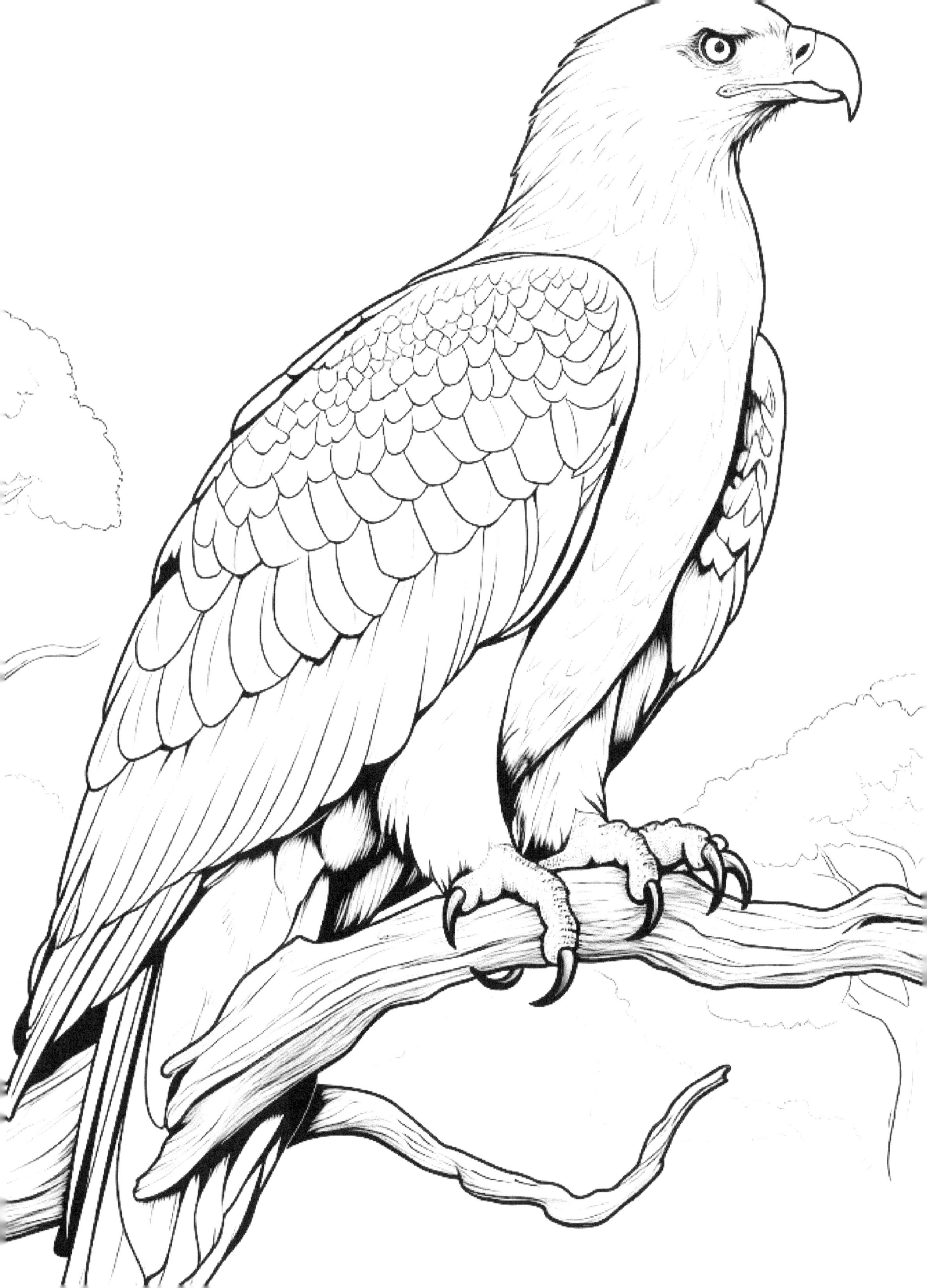

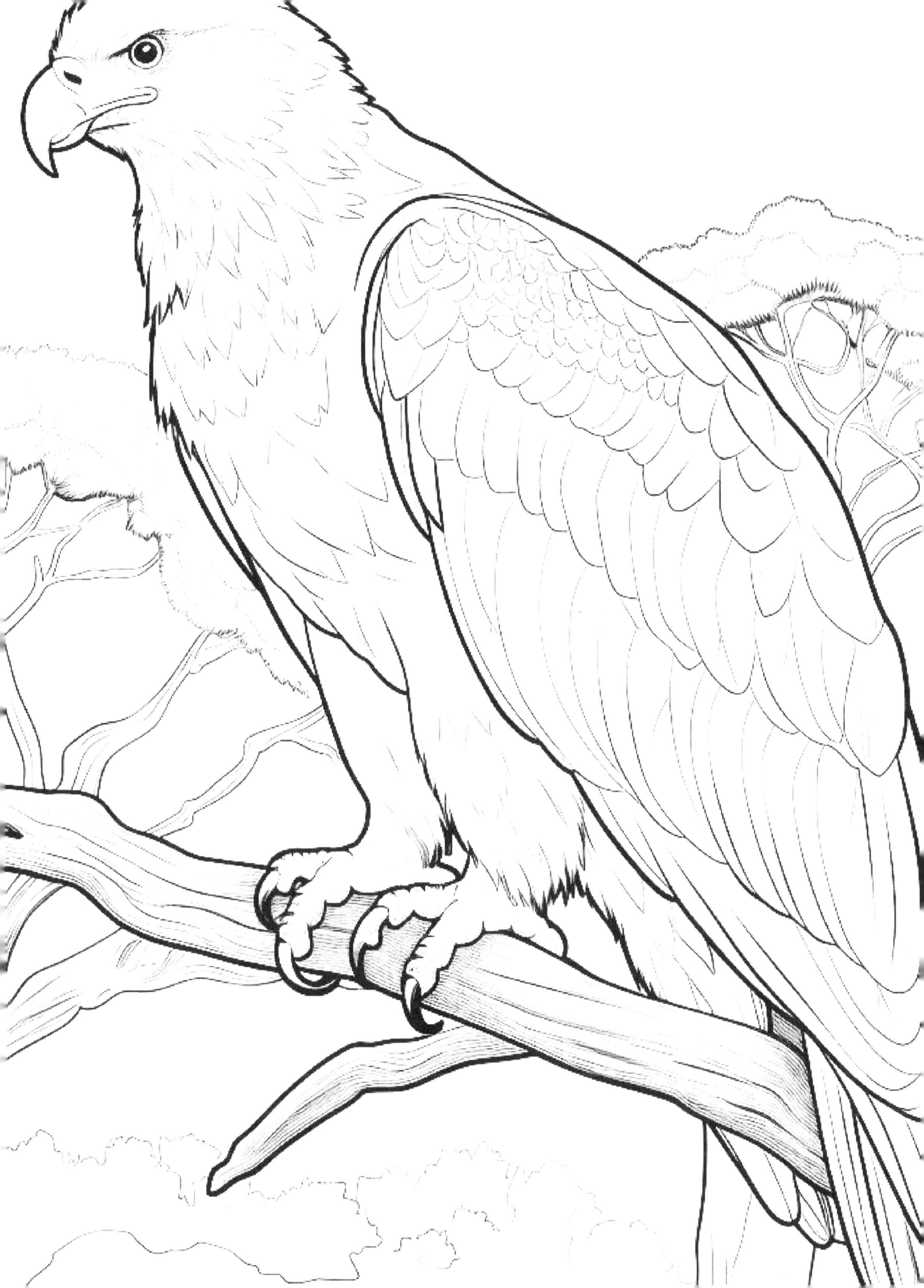

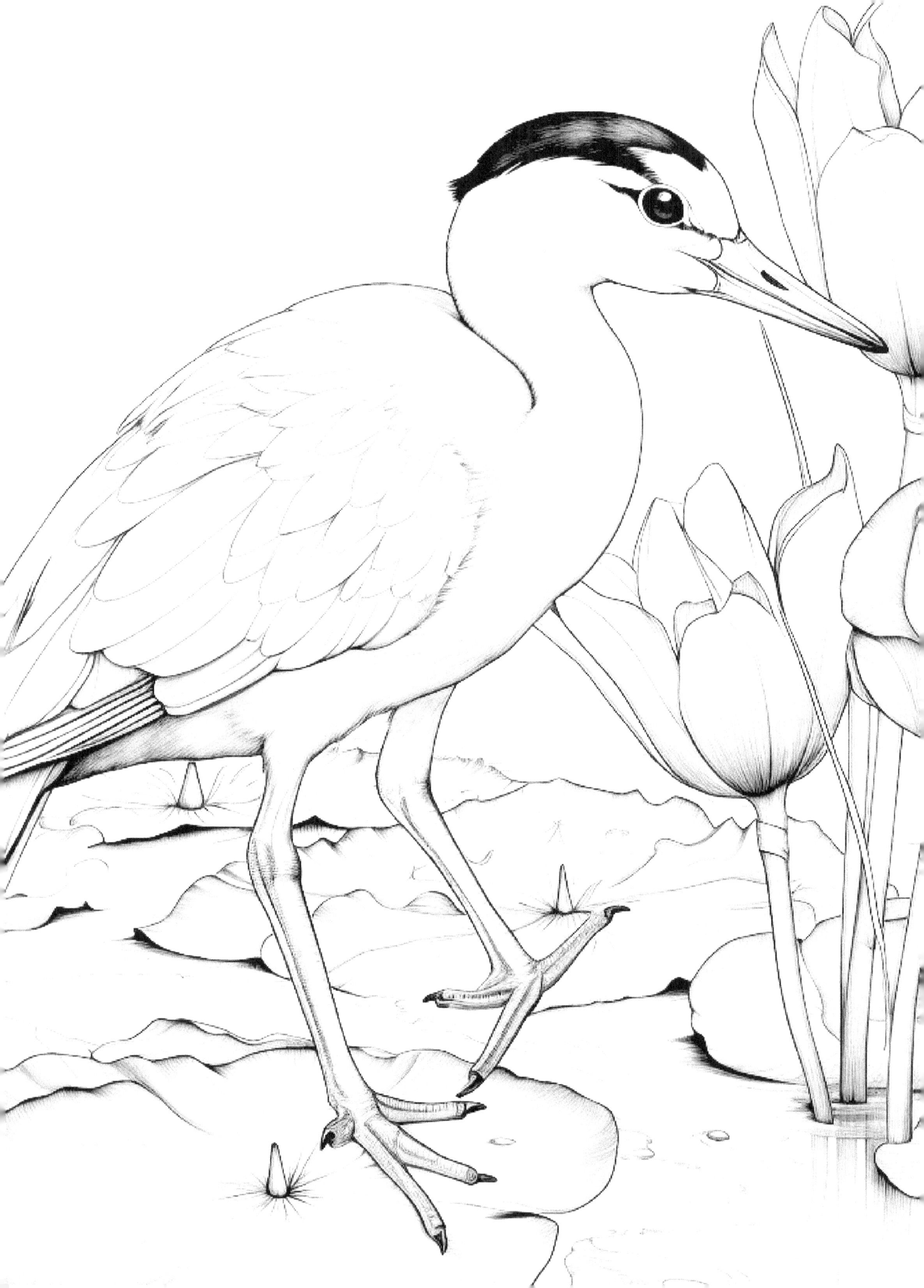

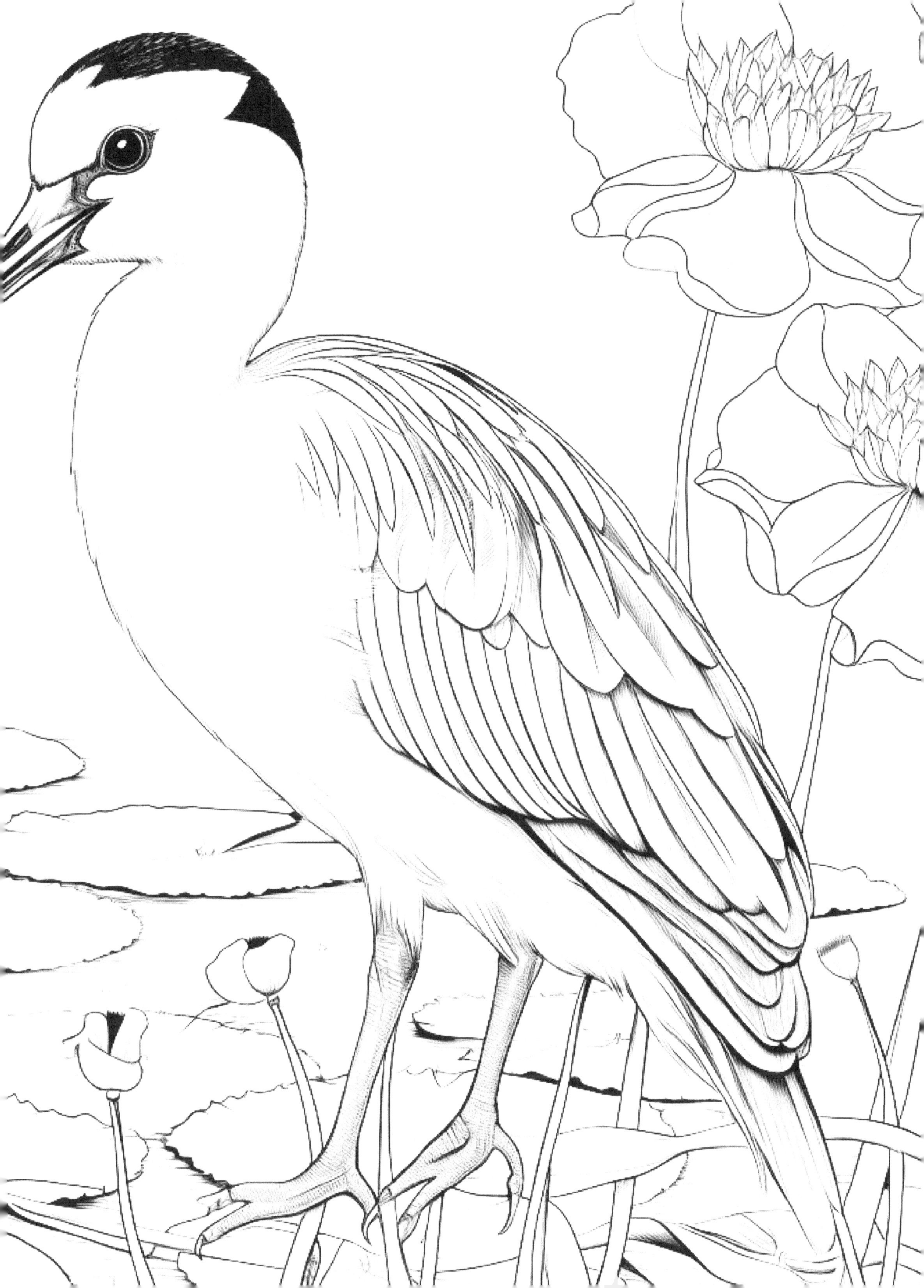

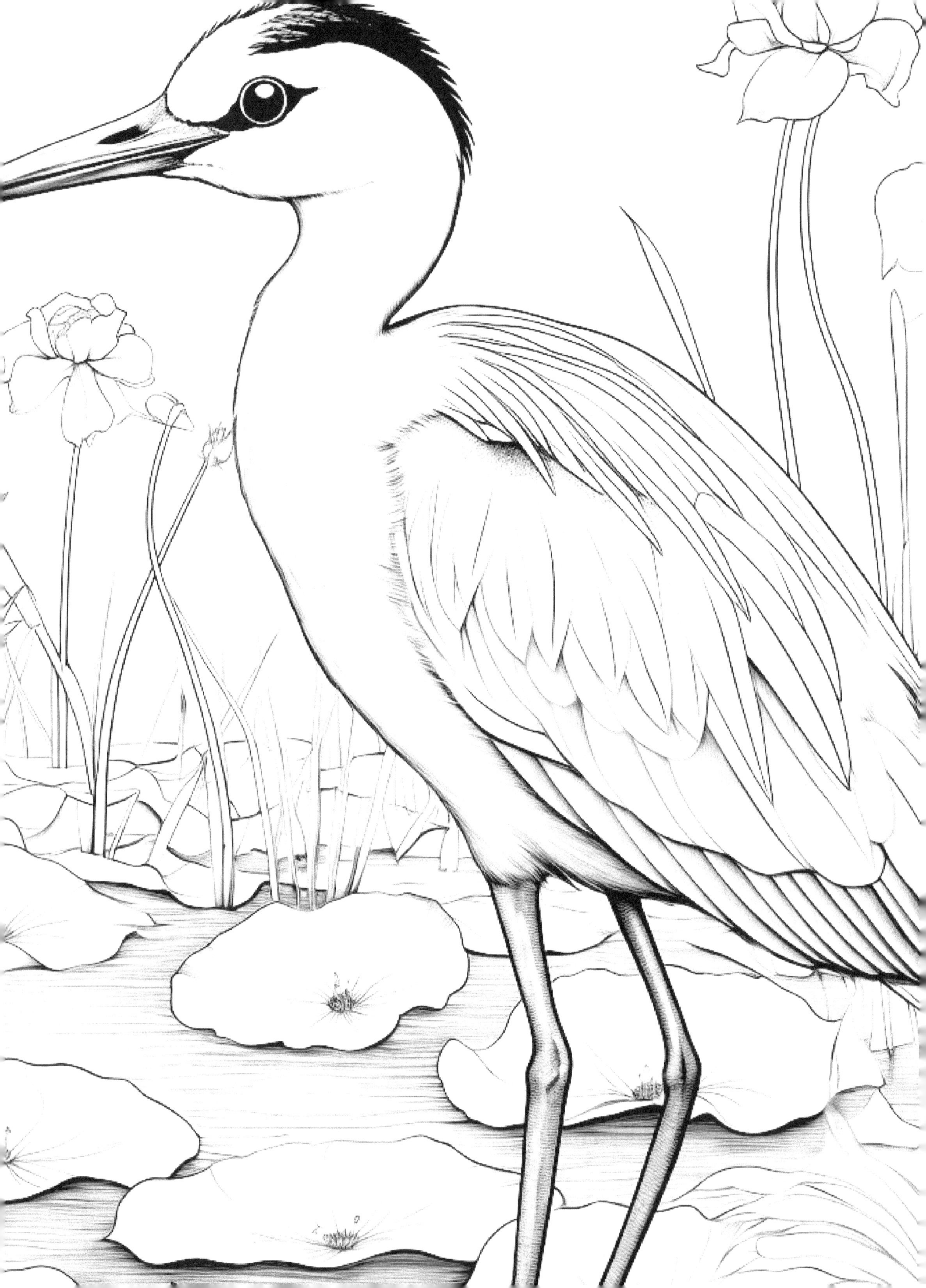

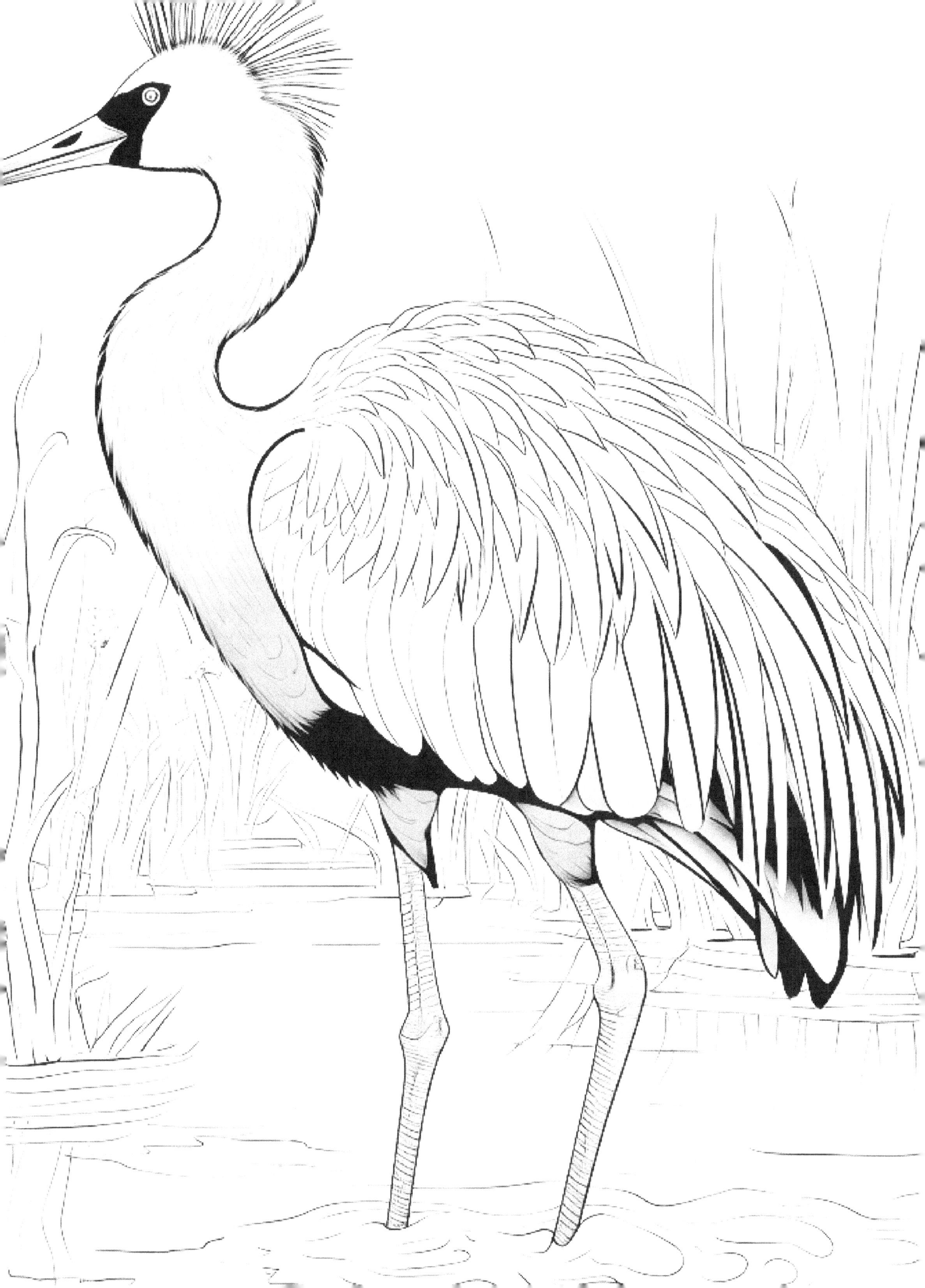

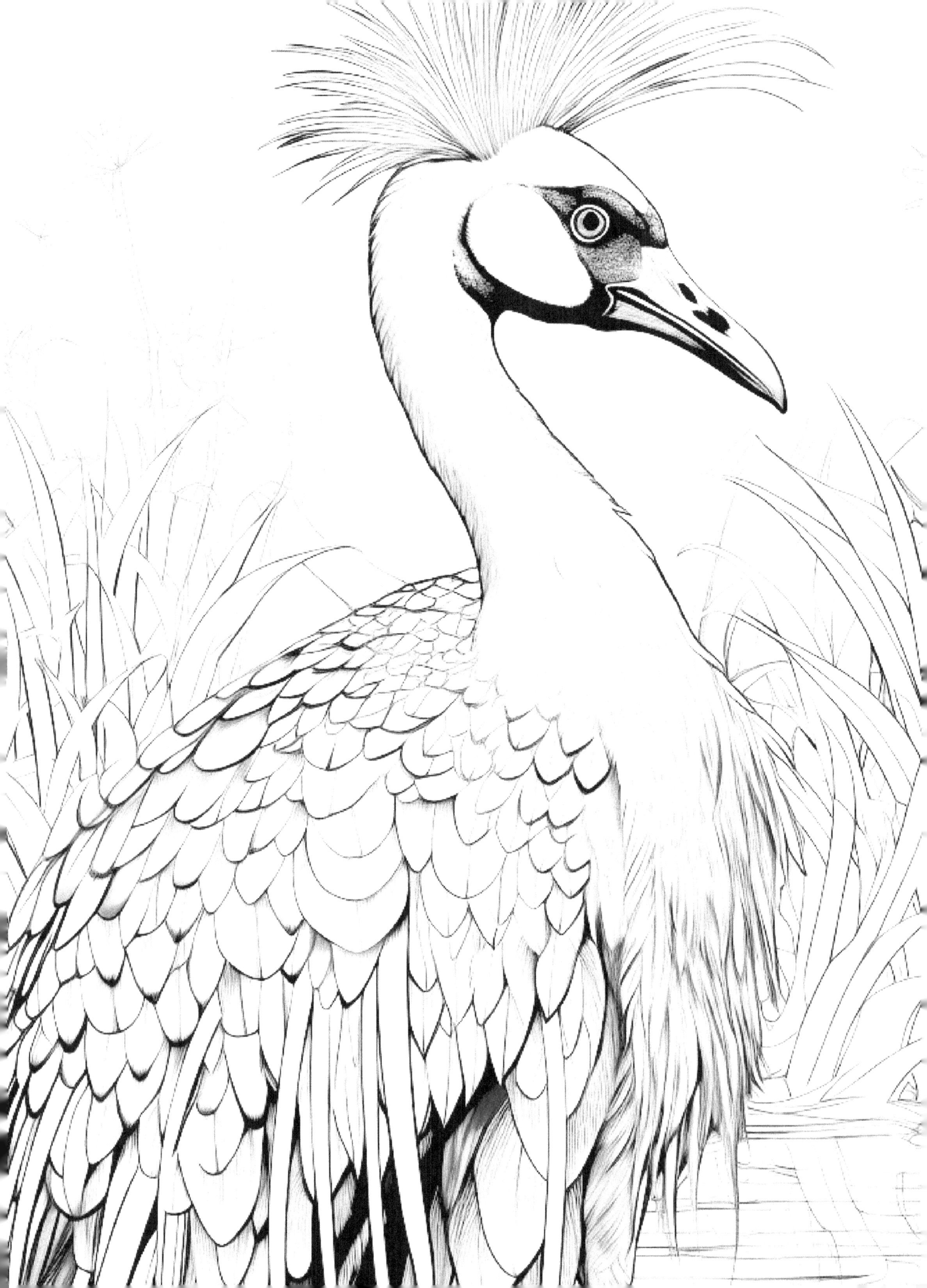

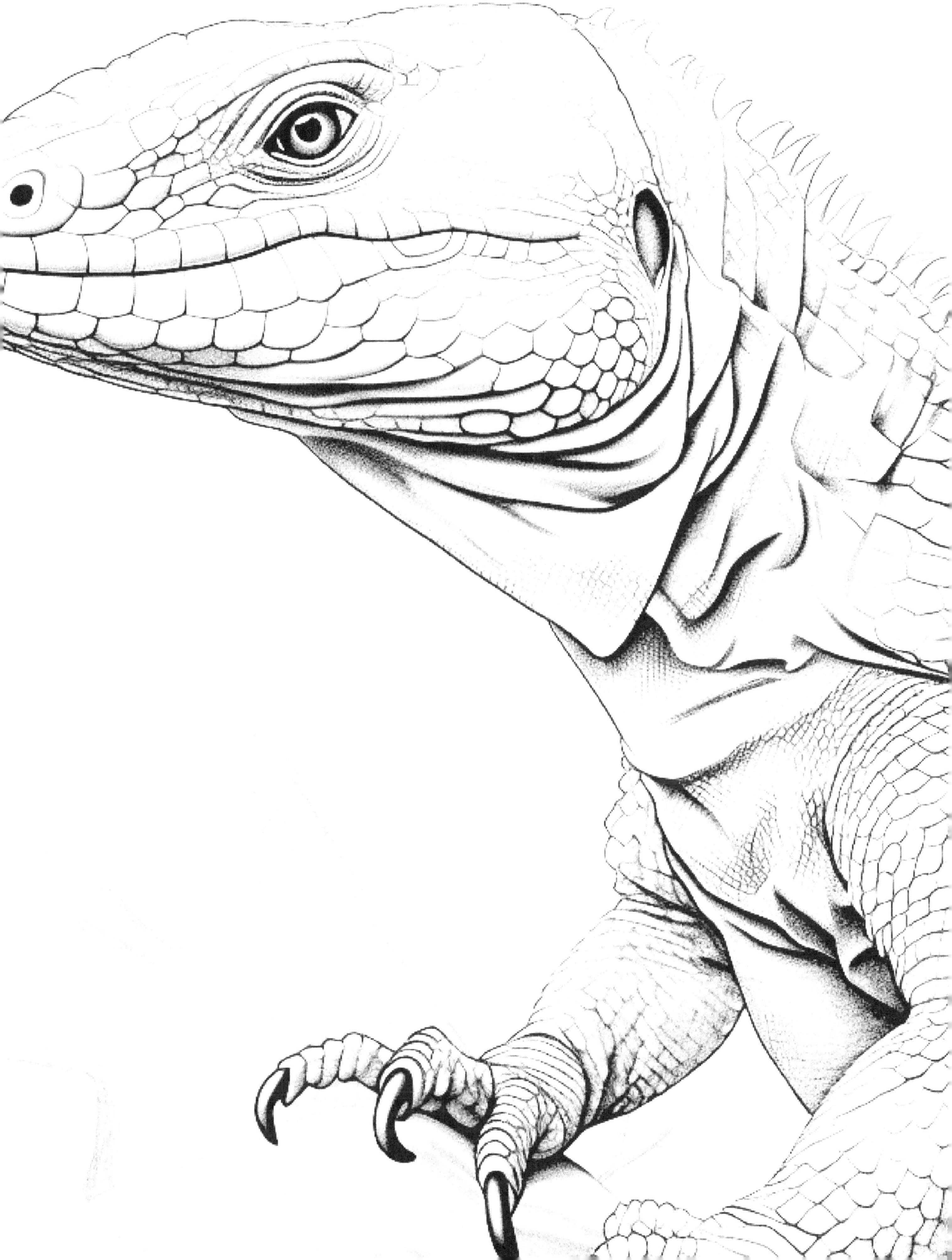

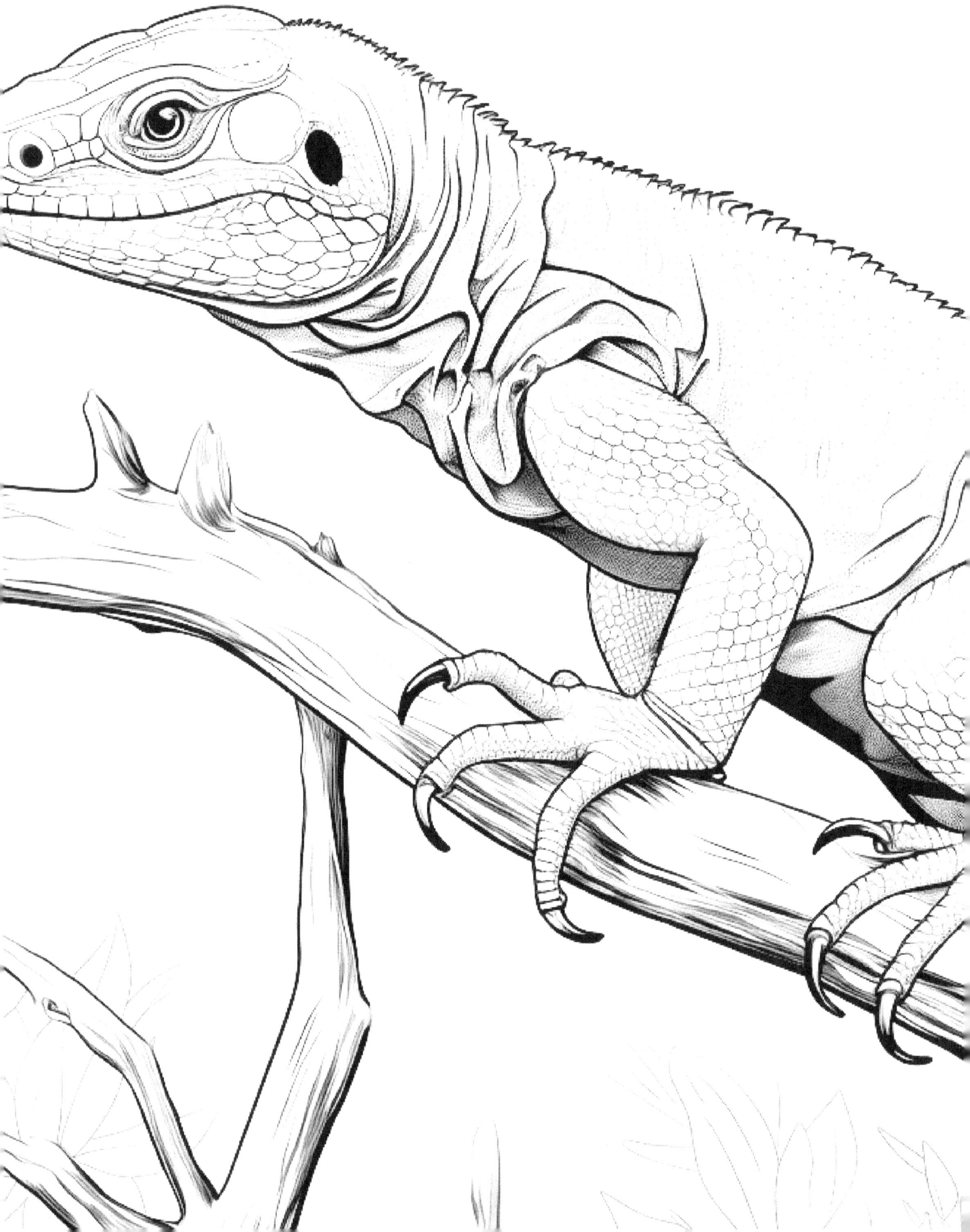

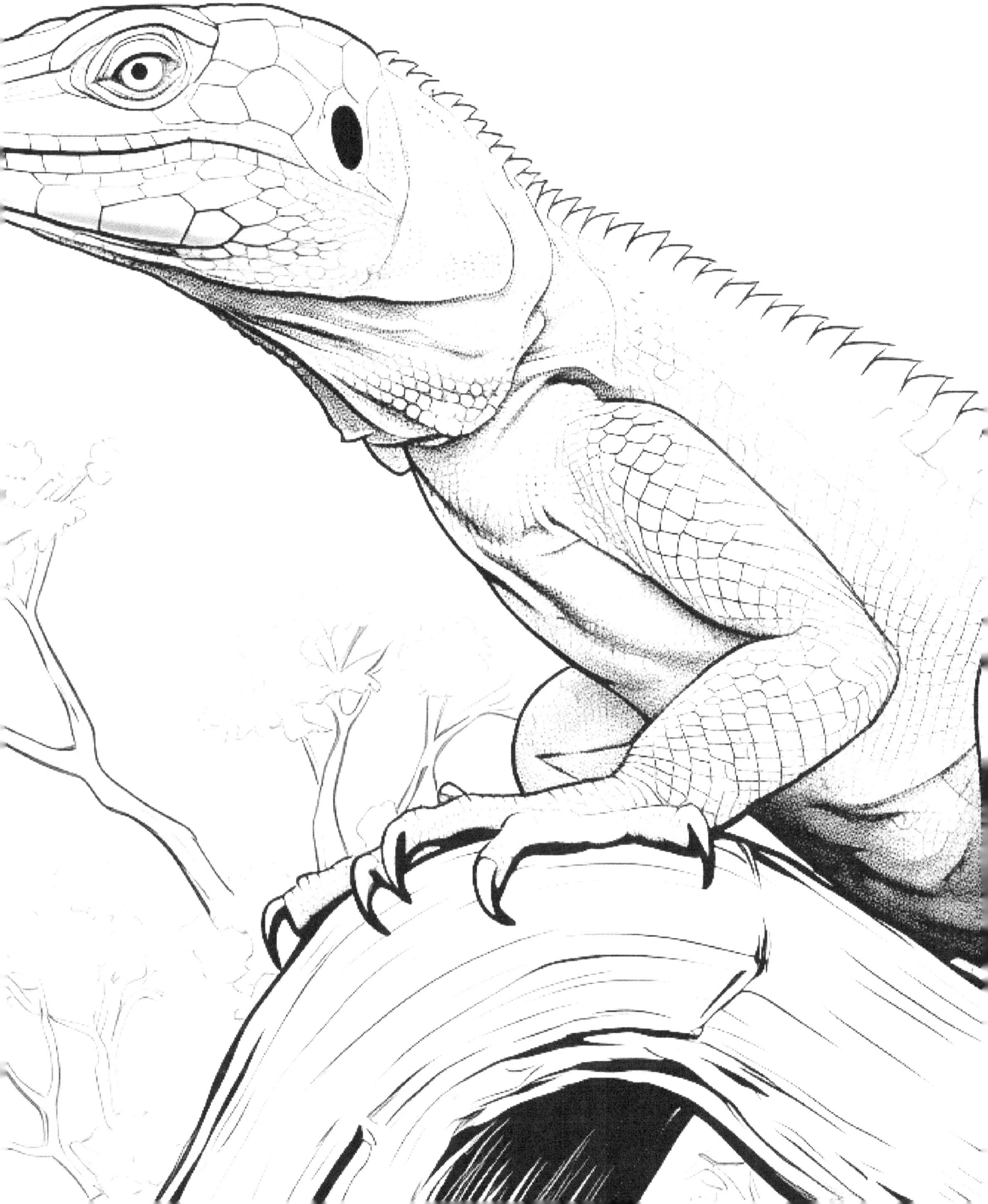

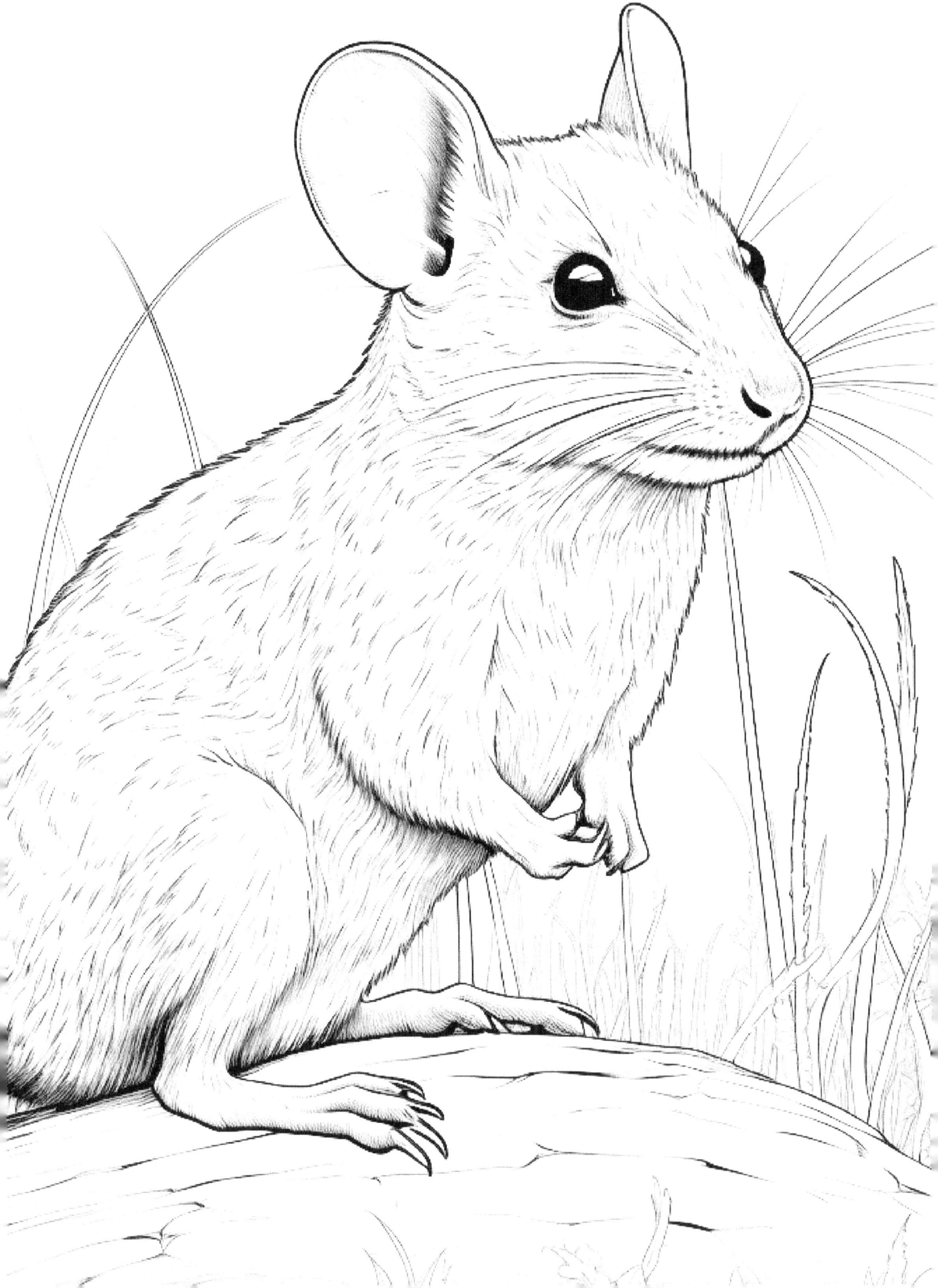

www.ingramcontent.com/pod-product-compliance
Lightning Source LLC
Chambersburg PA
CBHW082228290526
45794CB00009B/3711
* 9 7 9 8 8 5 2 7 4 4 4 2 5 *